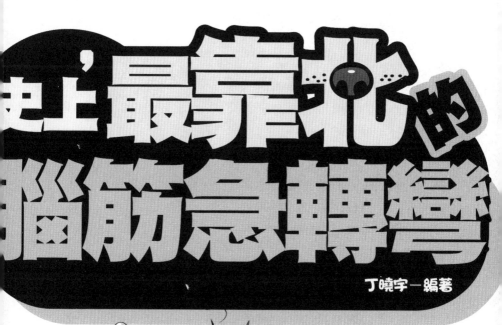

# 史上，最靠北的腦筋急轉彎

丁曉宇—編著

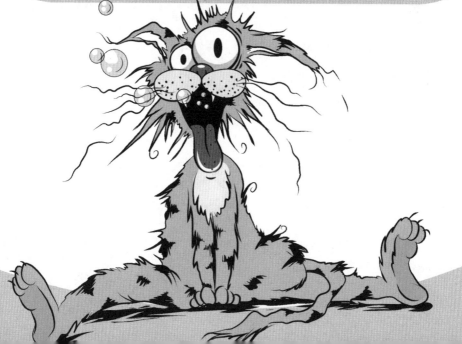

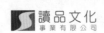

永續圖書線上購物網

讀品文化事業有限公司

www.foreverbooks.com.tw

yungjiuh@ms45.hinet.net

幻想家系列 60

# 史上，最靠北的腦筋急轉彎

| | |
|---|---|
| 編　　著 | 丁曉宇 |
| 出 版 者 | 讀品文化事業有限公司 |
| 責任編輯 | 林美娟 |
| 封面設計 | 林鈺恆 |
| 美術編輯 | 王國卿 |

| | |
|---|---|
| 總 經 銷 | 永續圖書有限公司 |
| | TEL ／(02)86473663 |
| | FAX ／(02)86473660 |
| 劃撥帳號 | 18669219 |
| 地　　址 | 22103 新北市汐止區大同路三段 194 號 9 樓之 1 |
| | TEL ／(02)86473663 |
| | FAX ／(02)86473660 |
| 出 版 日 | 2018 年 11 月 |

| | |
|---|---|
| 法律顧問 | 方圓法律事務所　涂成樞律師 |
| CVS 代理 | 美璟文化有限公司 |
| | TEL ／(02)27239968 |
| | FAX ／(02)27239668 |

國家圖書館出版品預行編目資料

史上，最靠北的腦筋急轉彎／丁曉宇編著.
--初版. --新北市 ： 讀品文化，民 107.11
面； 公分. --（幻想家系列：60）
ISBN　978-986-453-084-7 (平裝)

1. 益智遊戲

997　　　　　　　　　　　　　　107015943

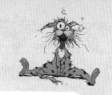

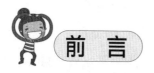

前　言

　　培養和開發智力的方法很多，經常做益智遊戲就是一種簡便易行、行之有效的思維訓練方法。腦筋急轉彎即為一種輕鬆有趣、老少皆宜的益智遊戲。

　　腦筋急轉彎最早起源於古代印度。就是指當思維遇到特殊的阻礙時，要很快地離開習慣的思路，另闢蹊徑來思考問題。現在泛指一些不能用平常的思路來解答的智力問答題。這種文字遊戲有個明顯的特點，題目表面很普通，但答案卻十分出人意料又在情理之中，一經破解，總是令人捧腹大笑。

　　腦筋急轉彎還有一個特點，就是答案與題目不一定有邏輯上的聯繫，有的答案甚至是一種詭辯。所以，答案都是別出心裁，突破常理的，能給人以諧趣、機敏、睿智的感覺。諸如：「什麼東西最容易滿足」，把「滿」和「足」分開理解，答案是「襪子」。當然，答案也不一定唯一，就看誰的想像力更豐富，誰的答案更能刺激別人的大笑神經了。因此，對同一個題目，你也可以嘗

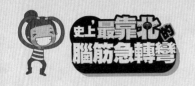

試著尋找更多、更有趣、更令人叫絕稱奇的答案。

　　比如，有這樣一個問題：樹上10隻鳥，開槍打死1隻，樹上還剩幾隻鳥？也許有人認為答案會很簡單，但如果全面來考慮，答案卻不只有一個，因為需要考慮的問題還很多：「是無聲手槍還是有聲的槍？」「槍聲有多大，鳥能聽得到嗎？」「樹上的鳥裡有沒有聾子？」「樹上的鳥有沒有關在籠子裡的？」「樹上有沒有飛不動或不會飛的鳥？」「有沒有傻的不怕死的鳥？」……

　　不管怎麼說，做腦筋急轉彎的題目，不能用平常的思維模式來解答問題，需要改變思維方式，需要完全動動腦筋。多進行這樣的思維訓練，就可以讓我們的大腦得到鍛煉，激活腦細胞，開發智力，提高想像力，進而充分發掘自身的潛能，獲得更加豐富理想的人生。快來挑戰你的腦袋，試試自己有多利害。

# CONTENTS

生活中有不同年齡層、不同職業、不同身分的各式各樣的人：有些人給我們帶來便利的交通，有些人給我們帶來輕鬆的歡笑，有些人為我們帶來豐富的日常用品……無論身分、職業、年齡，每一個人都是重要的，都是社會中必不可少的一分子……

在我們周圍生活著很多可愛的小動物，動物是人類的朋友，我們總是對一些小巧可愛的動物存有好奇心和親近感。展翅飛翔的小鳥、通人性的小狗、色彩鮮艷的金魚、白白胖胖的蠶寶寶……這些小動物在我們眼裡顯得那樣可愛，那樣有趣，使人一見就生喜愛之心……

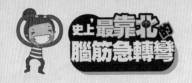

## Part 3　心思巧妙的處事類　120

　　一些事情的發生常常不按常理出牌，有時非常的不可思議。而在處理事情方面，人與人之間也是不同的，有些人就是那麼的出人意料，處理事情很喜歡另闢蹊徑、與眾不同，新穎的點子經常令人佩服……

## Part 4　蘊含知識的自然類　178

　　一縷清風、一抹新綠、一點甘露、一泓清泉……這些都是大自然的得意之作，大自然滋養了萬物，也哺育了人類……大自然無私的饋贈只是我們生活中的一個小水滴，隨著科技的進步，人類的足跡在不斷地涉及新的領域。相信隨著時代的發展，我們一定會踏入更多新的地點，去探索其中的無窮奧秘……

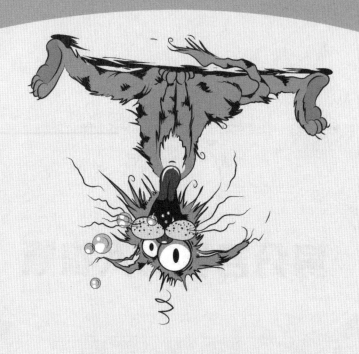

# BRAIN
# TEASERS ORZ

# Part

## 1

# 身分各異的人物類

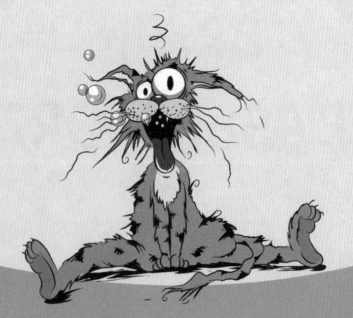

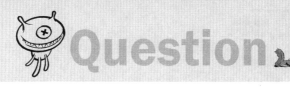
**01** 一位警察局長在茶館裡與一位老頭下棋。正下到難分難解之時，跑來一個小孩，小孩著急地對警察局長說：「你爸爸和我爸爸吵起來了。」「這孩子是你的什麼人？」老頭問。警察局長答道：「是我的兒子。」請問：兩個吵架的人與這位警察局長是什麼關係？

**02** 孔子是中國最偉大的什麼家？

**03** 什麼官不僅不領工資，還要自掏腰包？

**04** 在訓練新兵時上尉為何讓高大的新兵站在前面，矮的新兵站在後面？

**05** 一位著名的作家的最後一本書是什麼書？

**06** 不管長得多像的雙胞胎，都會有人分得出來，這人是誰？

**07** 小明每天都吃一個師傅，他是怪獸嗎？

**08** 誰經常買鞋自己不穿卻給別人穿？

# Answer

**01** 這個問題的答案只能是：警察局長是女的，吵架中的一方是她的丈夫，即小孩的父親；另一方是警察局長的父親，即小孩的外公。

**02** 老人家。

**03** 新郎官。

**04** 上尉入伍前是個擺水果攤的。

**05** 遺書。

**06** 他們自己。

**07** 當然不是，他吃的是康師傅。

**08** 賣鞋的人。

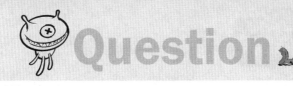
**09** 為什麼流氓坐車不用給錢？

**10** 小海看相聲，為什麼從來不高興？

**11** 哪一種人最輕易走極端？

**12** 華先生有個本領，那就是能讓見到他的人都會自動手心朝上。這是怎麼回事？

**13** 什麼人不能吃飯，但是可以說、笑、玩遊戲？

**14** 從事什麼職業的人容易在短時間內反覆改變主意？

**15** 小波比的一舉一動都離不開繩子，為什麼？

**16** 小華在家裡，和誰長得最像？

**17** 什麼「賊」不偷東西，專門賣東西？

**18** 一個人去網咖，碰到一個同學帶著兩個朋友，各帶著4個小孩，小孩各帶著2個朋友，問多少人去網吧？

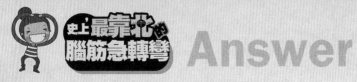 

**09** 因為流氓坐的是一輛警車。

**10** 小海是個聾子。

**11** 愛斯基摩人。

**12** 因為他是個中醫。

**13** 木偶。

**14** 教官。

**15** 小波是個木偶。

**16** 和鏡中的小華。

**17** 賣國賊。

**18** 一個人，其他人沒說去。

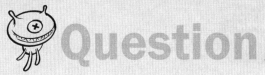

**19** 什麼情況下人會有四隻眼睛？

**20** 語言天才和電腦專家結婚，將來生下的兒子長大後會成為什麼人？

**21** 在英國出生過大人物嗎？

**22** 開喜婆婆是什麼人？

**23** 西門町步行街上來往最多的是什麼人？

**24** 飛得最高的是什麼？

**25** 冬天，寶寶怕冷，到了屋裡也不肯脫帽。可是他見了一個人乖乖地脫下帽，那人是誰？

**26** 誰是百獸之王？

**27** 傳說中遇見白無常者「活」，遇見黑無常者「死」，那麼同時遇見黑白無常呢？

**28** 為什麼小弟開車遇見平交道從不停車？

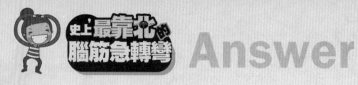

**19** 兩個人的時候。

**20** 大人。

**21** 沒有，全是嬰兒。

**22** 女人。

**23** 行人。

**24** 人，他們飛到過月球。

**25** 理髮師。

**26** 動物園的園長。

**27** 嚇得半死不活。

**28** 因為他是開火車的。

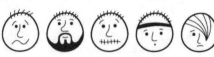

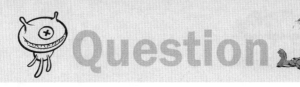

**29** 在玩遊戲時，你是司令，你手下有兩名軍長、五名團長、十個排長和二十五名士兵，那麼他們的司令今年幾歲了？

**30** 你爸爸和你媽媽生了個兒子，他既不是你哥哥又不是你弟弟，他是誰？

**31** 突降大雨，忙著耕種的農民紛紛躲避，卻仍有一個人不走，為什麼？

**32** 老張有很嚴重的胃病，可是他總往牙科跑，這是為什麼？

**33** 理髮師最不喜歡的人是誰？

**34** 有一個人發高燒50度，他這時該找誰幫忙？

**35** 什麼人靠別人的腦袋生活？

**36** 小王既不買票，又沒有月票，為什麼可以從起點坐到終點？

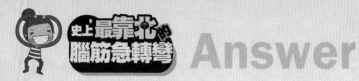

**29** 你幾歲就是幾歲。

**30** 是你自己呀。

**31** 那是一個稻草人。

**32** 老張是牙科醫生。

**33** 禿頭的人。

**34** 消防隊。

**35** 理髮師。

**36** 因為他是司機。

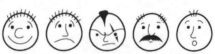

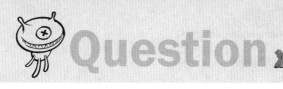

**37** 小紅和小李互相吹牛，小紅說她可以把整個世界吃下去，小李說了什麼勝過了小紅？

**38** 有一個眼睛瞎了的人，走到山崖邊上，突然停住了，然後往回走。這是為什麼？

**39** 老王每天都要刮很多遍臉，可是臉上還是有鬍子。為什麼？

**40** 誰是世界上最有恆心的畫家？

**41** 什麼人生病從來不看醫生？

**42** 跳傘時，怎樣才能分得出老兵和新兵？

**43** 阿忠結婚好幾年了，卻沒生下一個孩子，這是為什麼？

**44** 小軍、小明是鄰居，同樓同班又是同桌，天天一起去上學。可是，一個出門往左拐，一個出門往右拐，為什麼？

**45** 什麼樣的強者千萬別當？

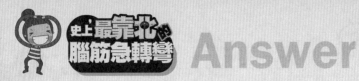
37　小李説，我可以把妳吃下去。

38　他只瞎了一隻眼。

39　他是在替別人刮臉。

40　愛化妝的女人。

41　盲人。

42　新兵的屁股上有鞋印。

43　他生的是雙胞胎。

44　他們是門對門的鄰居。

45　強盜。

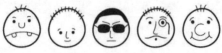

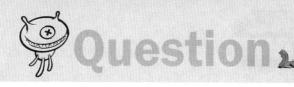

**46** 阿美在事業上並沒有什麼成就，為什麼也有「女強人」的外號？

**47** 愛吃零食的小王體重最重時有50公斤，但最輕時只有3公斤，為什麼？

**48** 胖姐阿英站上體重機時，為何指針卻只指著5？

**49** 為什麼有人經常從十公尺高的地方不帶任何安全裝置跳下？

**50** 一年只要上一天班，而且永遠不必擔心被炒魷魚的人是誰？

**51** 小明知道試卷的答案，為什麼還頻頻看同學的？

**52** 世界上誰的肚子最大？

**53** 有一位大師武功了得，他在下雨天不帶任何防雨物品出門，全身都被淋濕了，可是頭髮一點都沒濕，這是怎麼回事？

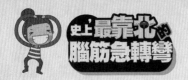 

46 因為她常常強人所難。

47 那是他剛出生的時候。

48 指針已轉過一圈了。

49 他們是跳水運動員。

50 聖誕老人。

51 因為小明是老師。

52 宰相。

53 他是和尚，沒頭髮。

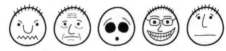

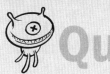

**54** 漆黑的夜晚,老王在家看書,看著看著,他的妻子說:「太晚了,關燈睡覺吧。」就把燈關了。可是老王理也不理繼續看書,還一直把書看完了。這是怎麼回事?

**55** 餐廳裡,有兩對父子在用餐,每人叫了一份70元的牛排,付帳時只付了210元,為什麼?

**56** 如果諸葛亮活著,世界現在會有什麼不同?

**57** 有個剛生下的嬰兒,有兩個小孩和他是同年同月同日生的,而且是同一對父母生的,但他們不是雙胞胎,這有可能嗎?

**58** 人在什麼情況下會變得目中無人?

**59** 好心的約翰去世了,天使要帶他上天堂,為什麼他堅決不肯去?

**60** 為什麼自由女神像老站在紐約港?

**61** 為什麼一對健康夫婦生出一個只有一隻右眼的嬰兒?

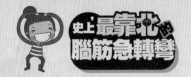

# Answer

54 老王是盲人，他在讀盲文。

55 這是祖孫三人。

56 會多一個人。

57 可能，他們是三胞胎。

58 眼睛瞎了的時候。

59 他有懼高症。

60 因為她坐不下去。

61 每個人都只有一隻右眼。

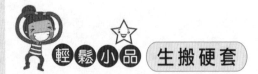

輕鬆小品 生搬硬套

　　丈夫：妳是怎麼煮的？這牛肉餡餅根本沒有煮熟。

　　妻子：但我是按照食譜做呀！食譜上的做法是供四個人吃的，而我們只有兩個人，所以我就減去了一半的料，當然啦！煮的時間也比書上講的少了一半。

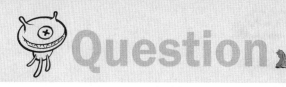
**62** 有一名囚犯，被抓到警察局，並被單獨關到了一間密閉非常好的小囚室裡，在沒有可能在沒有外人進入的情況下，第二天早晨，囚室裡居然多出了一名男士！這是為什麼？

**63** 山姆是一個守法公民，可是他開車總是闖紅燈，原因何在？

**64** 剛念幼稚園的皮皮才學英文一個月卻能毫無困難地和外國人交談，為什麼？

**65** 一個偉大的人和一隻偉大的獅子同一天誕生，有什麼關係？

**66** 為什麼四個女生等於一個孫悟空？

**67** 上海的南京路上，來往最多的是什麼人？

**68** 法王路易十四被砍頭後，他的兒子當了什麼？

**69** 什麼人的工作整天忙得團團轉？

**70** 什麼樣的官不能發號施令，還得老向別人賠笑？

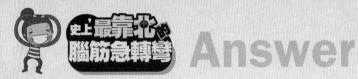

**62** 她是名女囚犯，第二天生了一個男嬰。

**63** 他是色盲。

**64** 外國人用國語與他交談。

**65** 沒關係。

**66** 女大十八變，$18 \times 4 = 72$（變）。

**67** 中國人。

**68** 孤兒。

**69** 芭蕾舞演員。

**70** 新郎官。

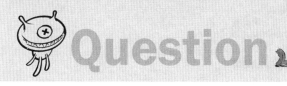

**71** 小明才4歲,卻已經當了「爸爸」,這有可能嗎?

**72** 為什麼嬰兒一出生就大哭?

**73** 耶穌是哪一國人?

**74** 為什麼胖的人比瘦的人怕熱?

**75** 有人去夏威夷渡假,結果在海邊溺水,高喊救命,卻沒人理他,為什麼?

**76** 什麼東西看不到卻可以摸到,萬一摸不到會把人嚇到?

**77** 公共汽車上,兩個人正在熱烈地交談,可是圍觀的人卻一句話也聽不到,這是因為什麼?

**78** 一位服裝模特兒,即使在平日也穿著未經發表的新款服飾,但她常常看到穿著和她完全相同服飾的人。這是為什麼?

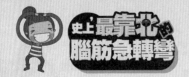 

**71** 小明在和鄰居玩扮家家酒的遊戲。

**72** 因為他看到護士阿姨太漂亮，自己又太小。

**73** 天國。

**74** 因為被曬的面積比較大。

**75** 沒人聽懂中文。

**76** 脈搏。

**77** 這是一對聾啞人，他們在用手語交談。

**78** 因為她經常照鏡子。

輕鬆小品 指紋在臉上

　　警官：你們兩個人還抓不住一個罪犯，真是飯桶！

　　警察：長官，我們不是飯桶，雖然罪犯跑了，但我們還是想辦法把他的指紋帶回來了。

　　警官：在哪兒？

　　警察：在我們臉上！

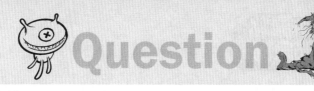

**79** ► 電影院內禁止吸菸,而在劇情達到高潮時,卻有一男子開始抽菸,整個銀幕籠罩著煙霧。但是,卻沒有任何一位觀眾出來抗議,這是為什麼?

**80** ► 什麼人每天靠運氣賺錢?

**81** ► 黑人和白人生下的嬰兒,牙齒是什麼顏色?

**82** ► 某地發生了大地震,傷亡慘重,收音機裡不斷傳出受災情況以及尋人啟事。一位老爺一直在注意收聽收音機裡的報導。有人問他:「收音機裡播放過你孫子的消息了嗎?」他回答說:「沒有。」接著他又說:「但我知道我孫子肯定平安無事。」請問他是怎麼知道的?

**83** ► 有個人不是官,卻負責全公司職工幹部上上下下的工作。這個人是做什麼的?

**84** ► 阿勇做事總是拖泥帶水,但上級部門總是表彰他,這是為什麼?

**85** ► 胖妞生病時,最怕別人來探病時說什麼?

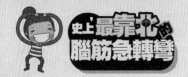 

**79** 這是因為抽煙的男子是電影中出現的人物。

**80** 瓦斯行運煤氣的工人。

**81** 嬰兒還沒有長齒。

**82** 他孫子是那個播音員。

**83** 運作電梯的。

**84** 他是個水泥匠。

**85** 多保重身體。

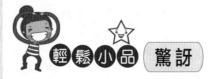 輕鬆小品 **驚訝**

「爸，你能幫我找找最小公分母嗎？」

「什麼，到現在還沒找到它？我上學小時就已經開始找了！」

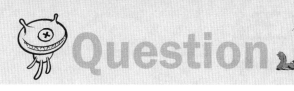
**86** 紅樓夢中賈府最大規模的葬禮聚集了幾百名高僧，道人當場做法事，入寧國府的街上人來人往，白茫茫一片，官去官來，花團錦簇。秦可卿卻不聞不問，為什麼？

**87** 大力士永遠也舉不起的東西是什麼？

**88** 三心二意的人是什麼人？

**89** 什麼人從來不洗頭髮？

**90** 當今社會，窮苦人家大都靠什麼吃飯？

**91** 醫生手術時為何老戴著口罩？

**92** 有人說，女人像一本書，那麼胖女人像什麼書？

**93** 老王是個酒鬼，有一天他去看醫生，醫生警告他喝酒一次不可超過4杯，為什麼老王還是一次喝了8杯呢？

**94** 為什麼阿福總要等老師動手才去聽老師的話？

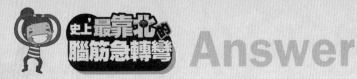
**86** 因為這個葬禮就是秦可卿的葬禮。

**87** 他（她）自己。

**88** 多心的人，因為那個人有三顆心。

**89** 和尚。

**90** 嘴。

**91** 怕人認出來。

**92** 合訂本。

**93** 因為他一天連續看了兩次醫生。

**94** 他是個聾子。

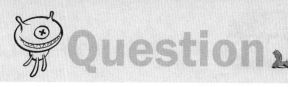

**95** 老王已經年過半百為什麼總愛圍著女人轉？

**96** 阿珍什麼家務都不會做，脾氣又壞，她爸媽為什麼還拚命催她結婚？

**97** 什麼人可以飯來張口，衣來伸手？

**98** 什麼人的心整天七上八下的？

**99** 為了怕身材走樣，結婚後不生孩子的美女怎麼稱呼？

**100** 元帥比將軍高一個等級，什麼時候元帥和將軍平等？

**101** 小王是個司機，有一天開車出了車禍，當警察趕到時，發現車上有一個死人，小王卻說不關他的事，為什麼？

**102** 什麼人最喜歡別人叫他滾？

**103** 小明整天說個不停，為什麼今天一句話都不說了？

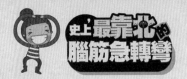
**95** 老王是推銷化妝品的。

**96** 其目的是為了嫁禍於人。

**97** 嬰兒。

**98** 心律不整的人。

**99** 絕代佳人。

**100** 下象棋。

**101** 小王開的是靈車。

**102** 監獄裡的人。

**103** 因為他到了外國。

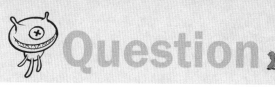

**104** 模樣相同的哥倆同時應徵入伍，他們有血緣關係且出生日期及父母的名字完全相同。連長問他倆是不是雙胞胎。他們說不是。請問這是為什麼？

**105** 古時候，什麼人沒當爸爸就先當公公？

**106** 常把手伸向別人包裡的人，為什麼卻不是小偷？

**107** 小莫是個出了名的仿冒名牌大王，為什麼他卻能逍遙法外而又名利雙收呢？

**108** 什麼人騙別人也騙自己？

**109** 超人和蝙蝠俠有什麼不同？

**110** 什麼人心腸最不好？

**111** 從來沒見過的爺爺，他是什麼爺爺？

**112** 如果有一輛車，小明是司機，小華坐在他右邊，小花坐在他後面，請問這輛車是誰的呢？

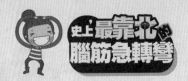

**104** 三胞胎中的兩個。

**105** 太監。

**106** 海關檢查員。

**107** 他專門在電視上模仿別人的動作和聲音。

**108** 騙子。

**109** 一個內褲穿裡面，一個穿外面。

**110** 患胃腸炎的人。

**111** 老天爺。

**112** 「如果」的。

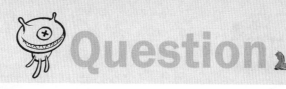
**113** 監獄裡關著兩名犯人，一天晚上犯人全都逃跑了，可是第二天看守員打開牢門一看，裡面還有一個犯人？

**114** 四個人在屋子裡打麻將，警察來了，卻帶走了5個人，為什麼？

**115** 有一個胖子，從高樓跳下，結果變成了什麼？

**116** 為什麼多啦A夢一輩子都生活在黑暗中？

**117** 三國美男子周瑜為什麼會感慨地說「既生瑜，何生亮」呢？

**118** 歷史上哪個人跑得最快？

**119** 在臨上刑場前，國王對預言家說：「你不是很會預言嗎？你怎麼不能預言到你今天要被處死呢？我給你一個機會，你可以預言一下今天我將如何處死你。
你如果預言對了，我就讓你服毒死；否則，我就絞死你。」聰明的預言家的回答使得國王無論如何也無法將他處死。請問，他是如何預言的？

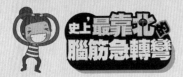

**113** 逃跑的犯人名字叫「全都」。

**114** 因為他們打的人叫「麻將」。

**115** 死胖子。

**116** 因為他伸手不見五指。

**117** 因為諸葛亮長得比周瑜帥。

**118** 曹操（說曹操，曹操就到）。

**119** 預言家如果預言：「你不會處死我。」國王肯定讓他絞死，因為他預言錯了。他如果預言：「你會處死我。」國王肯定讓他服毒死，因為他預言對了。他只能預言服毒死或絞死。如果預言服毒死，就預言對了，就會服毒而死。如果預言絞死，情況一，國王絞死他，預言正確，讓他服毒死，矛盾；情況二，國王讓他服毒死，預言錯誤，把他絞死，也矛盾；於是國王無論如何也無法將他處死。

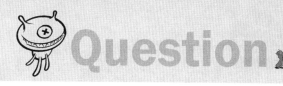
**120** 什麼人永遠無憂無慮？

**121** 一個人買了一雙鞋，但付了錢後仍然沒有走出那家鞋店，為什麼？

**122** 菲力說他一個朋友工作時常去摸魚，為什麼老闆還重用他？

**123** 什麼樣的人死後還會出現？

**124** 專愛打聽別人事的人是誰？

**125** 誰說話的聲音傳得最遠？

**126** 公司的員工們總是看見總經理對女祕書說話時低下了高傲的頭，為什麼？

**127** 世界上什麼人一下子變老？

**128** 出賣自己和出賣別人都不含糊的人是誰？

**129** 天天和人打架的人是誰？

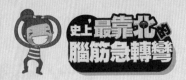

120 死了的人。

121 他是個殘疾人，坐輪椅出來的。

122 因為他在水族館工作。

123 電影中的人。

124 記者。

125 打電話的人。

126 因為總經理太高而女祕書又太矮。

127 新娘。因為今天是新娘，明天是老婆。

128 叛徒。

129 拳擊手。

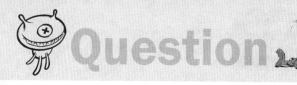

**130** 一個公公精神好，從早到晚不睡覺，身體雖小力氣大，千人萬人推不倒，這是什麼東西？

**131** 林黛玉整天擔心在寶玉心中的位置，恨不得可以看到他的心，林黛玉看到寶玉的心的辦法是什麼呢？

**132** 賈母常被鳳姐哄得很開心，她的什麼話最令賈母發笑呢？

**133** 賈府是四大家族之一，對吃是很講究的，但是每次宴席過後，都會有一樣東西剩下很多，是什麼呢？

**134** 大觀園是花的世界，人如花，花如人。妙玉贈梅花，寶玉祭芙蓉。那麼大觀園裡面究竟梅花多還是荷花多？

**135** 病人說：「醫生，你把剪刀忘在我肚子裡。」醫生的反應是什麼？

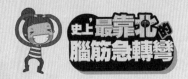
**130** 不倒翁。

**131** 日久見人心。

**132** 笑話。

**133** 空盤子。

**134** 冬天梅花多，夏天荷花多。

**135** 醫生說：「沒關係，我還有。」

 輕鬆小品 行業競爭

　　某女打算考律師執照，每天捧著一大堆法律書籍埋頭苦讀。

　　這情景被一男同事看見了，道：「妳一個女孩子這麼努力辛苦幹嘛？等我將來有了女兒，就教她如何釣金龜婿，在家做個貴婦！」

　　女子抬起頭，白了男同事一眼，說：「笨蛋！你趁早覺悟吧！你根本不知道那行業的競爭有多激烈。」

**136** 4歲的小紅跟媽媽去超市買東西，可是在超市裡卻跟媽媽走散了。於是小紅哭了起來，超市的一個營業員見狀過來問：「小朋友，你怎麼了？」小紅的回答讓營業員聽到以後哈哈大笑。小紅到底是怎麼回答的呢？

**137** 三個人共撐一把只能遮一個人的傘，走在下雨的路上，三個人卻都沒有淋濕，這是為什麼呢？

**138** 世界上什麼東西最難煮？

**139** 小冬天天都去公司的食堂吃飯，可是上個月他卻只在食堂吃了一天，為什麼呢？

**140** 誰會連續搖頭半個小時以上？

**141** 一個即將被槍決的犯人，他的最大願望是什麼？

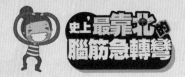 

136 媽媽迷路了，你幫我找回來吧。

137 懷了雙胞胎的媽媽。

138 媳婦，十年媳婦才能熬成婆。

139 小冬上個月最後一天才剛來公司上班。

140 看球賽的。

141 穿上防彈衣。

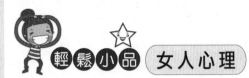

輕鬆小品 女人心理

　　一輛手推車在擁擠的街道上經過，許多在街上買東西的小姐太太不肯讓路，推車的人大叫：「當心身體！」無人理會。

　　他改叫：「當心碰髒衣服！」只有少數女人側身讓開。

　　他再大聲叫道：「當心勾破絲襪！」女人全躲到人行道上去了。

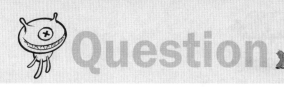

**142** 某公司欲招聘一名公關人員，決定先進行考試。考試的方法是：凡是參加報考的人都關在一間條件較好的房間裡，每天有人按時送水送飯，門口有專人看守。誰先從房間裡出去，考試就算過關。有人說頭疼要去醫院，守門人請來了醫生；有的說母親病重，要回去照顧，守門人用電話聯繫母親正在上班；其他人也提了不少理由，守門人就是不讓他們出去。最後，有個人對守門人說了一句話，守門人就放他出去了。請問，這個人說的是什麼？

**143** 誰見什麼人說什麼話？

**144** 一個女人懷了別人的小孩，她丈夫也不生氣，而且是一點都不生氣，他丈夫為什麼不生氣呢？

**145** 小明晚上看表演，為什麼有一個演員總是背對觀眾？

**146** 孫悟空翻一個跟斗就有十萬八千里，卻始終沒跳出如來佛的手掌心，你知道如來佛的手跟別人的手有什麼不同嗎？

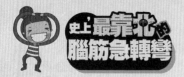
142 他說的是：「我不考了。」守門人對一個放棄考試的人是可能放他走的。

143 翻譯。

144 別人就是指的她丈夫，這個「別人」是相對於她自己來說的。

145 因為他是樂隊的指揮。

146 指紋不同。

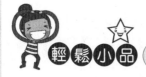

## 輕鬆小品 我燒的是廢紙

小王把寫好的稿子放在桌上，出門辦事去了，中午回家，發現桌子已被收拾得乾乾淨淨，那一叠稿子卻不翼而飛了，當他聞到有一股煙味時，忙問妻子：「你燒的是什麼？」

妻子回答：「你以為我這麼傻，會把沒用過的紙燒掉嗎？我燒掉的是那些寫過字的廢紙。」

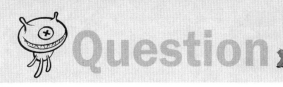

**147** 書呆子買了一本書，第二天他媽媽卻發現書在臉盆裡，為什麼？

**148** 倩倩的容貌長得不美也不醜，是一副端端正正很普通的模樣。一次，她用新買回的鏡子照了一下眼和口，還是很端正的樣子，但鼻子有些奇怪，而耳則完全照變形了，試問是什麼原因呢？

**149** 為什麼警察要繫皮帶？

**150** 一隻烏龜摔了個大跟斗。又一隻烏龜摔了個大跟斗。你會聯想到哪兩種植物？

**151** 三個金「鑫」，三個水叫「淼」，三個人叫「眾」，那麼，三個鬼應該叫什麼？

**152** 對一個打算把頭髮留到腰部的人來說，最重要的一件事是什麼？

**153** 小王身高175公分，為什麼他參加完球賽後變成了178公分？

**154** 下雨天沒多少錢不要出門？

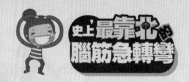
147. 他認為那本書太枯燥了。

148. 因為照的是字，而不是容貌。對目和口來說，因其字形的特殊，所以照時依舊還顯示的是目和口的原字形。但對鼻子和耳朵來說，就不同了，鼻字和耳字卻變成了反字。

149. 不繫皮帶褲子會掉下來。

150. 玫瑰（楣龜）。野玫瑰（也楣龜）。

151. 叫救命。

152. 晚上不要穿著白衣服出門。

153. 小王的頭上被打了一個包。

154. 30000000。因為沒傘（3）千萬別出門。

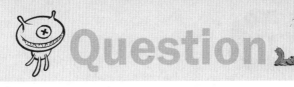

**155** 對單身漢來說，家有賢妻是最大的幸福；那麼，對已婚的男人來說，什麼是最大的幸福？

**156** 冬瓜、黃瓜、西瓜、南瓜都能吃，什麼瓜不能吃？

**157** 人死了為什麼要埋在地下？

**158** 春節晚會上，主持人請大家用封好口的一封信猜謎語，並要求猜謎的人不准說話，做兩個動作，猜一個成語和中國的一個地名。大家思考了一會兒，站在後排的小宋分開人群，走到桌子前面，拿起信並撕開封口，主持人看了說：「小宋猜對了。」於是發了獎品給小宋。他為什麼得獎？成語和地名是什麼？

**159** 什麼怪大家都不害怕？

**160** 一個人走夜路，最怕聽到哪一句話？

**161** 巫師為什麼要騎掃把不騎板凳呢？

**162** A和C誰比較高呢？

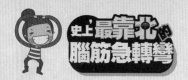
| 155 | 單身漢。 |

| 156 | 傻瓜。 |

| 157 | 去陰陽地府比較近。 |

| 158 | 信手拈來。開封。 |

| 159 | 難怪。 |

| 160 | 請問你是什麼血型。 |

| 161 | 因為騎掃把比騎板凳帥多了,而且遇到強大的敵人時就可以偽裝成掃地工。 |

| 162 | C比較高(因為ＡＢＣＤ,Ａ比Ｃ低) |

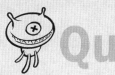

**163** 茉莉花、太陽花、玫瑰花，哪一朵花最沒力？

**164** 在廁所遇見朋友時，最好不要問哪一句話？

**165** 為什麼籃球板上要抹兩勺鹽？

**166** 狐狸為什麼經常會摔跤？

**167** 有一個雞蛋去茶館喝茶，後來怎麼樣了？

**168** 有一隻公鹿，牠走著走著，越走越快，最後怎麼樣？

**169** 玉米想追求時髦，去燙頭了，結果怎麼樣呢？

**170** 為什麼現在沒有恐龍了？

**171** 松下為什麼沒Sony強？

**172** 有一個雞蛋跑到了山東，會怎麼樣？

**173** 有一個雞蛋無家可歸，會怎麼樣？

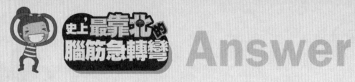

163　茉莉花。因為：好一朵「美麗」（沒力）的茉莉花。

164　吃了沒有。

165　一言（鹽）難盡。

166　因為狐狸很狡猾（腳滑）。

167　結果它變成了茶葉蛋。

168　變成了高速公路。

169　變成了爆米花。

170　恐龍去拍電影了。

171　Panasonic（怕了索尼哥）。

172　變成了鹵（魯）蛋。

173　變成了野雞蛋。

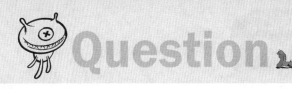

**174** 有一個雞蛋在路上不小心摔了一跤，倒在地上，會怎麼樣？

**175** 有一個雞蛋跑到花叢中去了，會怎麼樣？

**176** 有一個雞蛋到死海游泳，會怎麼樣？

**177** 為什麼漢子不出門？

**178** 怎樣讓鴨子不會飛走？

**179** 小黑、小白、小黃、小紅四人搭飛機，請問是誰會暈機嘔吐？

**180** 一個典獄長對一個即將被執行死刑的人說：「你有什麼要求？」他說：「我要吃荔枝。」典獄長說：「這個季節沒有啦。」他說什麼？

**181** 半空中掛口袋是用來做什麼的？

**182** 鉛筆姓什麼？

**183** 哪種水果視力最差？

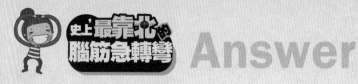
**174** 變成了導（倒）彈。

**175** 變成了花旦。

**176** 變成了鹹蛋。

**177** 因為一出門就變門外漢了。

**178** 插一隻翅膀給牠（插翅難飛）。

**179** 小白兔（吐）。

**180** 我可以等。

**181** 裝瘋（裝風）。

**182** 蕭。因為削（蕭）鉛筆。

**183** 芒（盲）果。

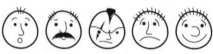

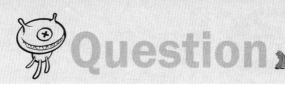

**184** 一天，一塊三分熟的牛排在街上走著，突然他在前方看到一塊五分熟的牛排，可是卻沒有理會他。他們為什麼沒打招呼？

**185** A和B可以相互轉化，B在沸水中可以生成C，C在空氣中氧化成D，D有臭雞蛋氣味，問A、B、C、D各是什麼？

**186** 對於男人來說，能夠娶到一位賢淑的妻子，當然是一大福分；要是娶到一個惡妻呢？

**187** 為什麼易開罐不能跟易開罐結婚？

**188** 為什麼吸血鬼從來不喝果汁或蔬菜汁呢？

**189** 一個人死了，出殯的那天，他的家人哭喊著：「爽啊……爽啊！」
路人不解的問：「你們是在爽什麼啊？」
家人痛哭流涕的說：「爽死了……爽死了！」
這是為什麼呢？

**190** 熱戀中的人為什麼喜歡在黑暗的地方談戀愛呢？

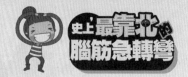
184 因為他們不熟。

185 A 雞、B 雞蛋、C 熟雞蛋、D 臭雞蛋。

186 可以成為哲學家。

187 因為易開罐的心裡裝著可樂。

188 他害怕「汁」裡的十字架。

189 死的那個人叫「爽」。

190 因為愛情是盲目的。

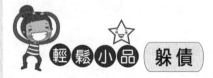

輕鬆小品 躲債

　　湯姆來找吉姆要債，吉姆躲在家裡不敢露面。湯姆見吉姆的鞋放在門旁，知道人一定在家，便上前敲門。

　　但屋裡一點動靜也沒有，他就大聲說：「吉姆，我知道你躲在家裡，你的鞋子還放在門邊呢？」

　　屋子裡面卻傳來一個聲音：「不，我可以光著腳出去。」

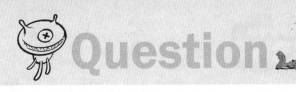
**191** 一隻小豬跑了，主人拿一根棍子趕牠，院子很大，小豬卻撞死在樹上了，為什麼？

**192** 有一艘船，什麼東西都不缺，也沒有損壞，卻不會走，這是為什麼？

**193** 一間牢房中關了兩個犯人，其中一個因偷竊要關一年，另一個是殺人犯，卻只關兩個星期，為什麼？

**194** 娜娜走在路上，沒有任何燈光，也沒有月光，為什麼她還能看到遠處的東西？

**195** 陽陽剛進小學學外語半個月，但是她能毫無困難地和韓國人講韓語，這是為什麼？

**196** 小松因工作需要常應酬交際，雖然每天都很早回家，可老婆還是抱怨不斷。為什麼？

**197** 大志與父母頭一次出國旅行，由於語言不通，他的父母顯得不知所措。大志也絲毫不懂外語，他也不是聾啞人，卻像在自己國家裡一樣從沒有感到絲毫不便，這是為什麼？

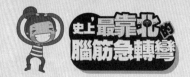
191 因為小豬不會急轉彎。

192 船沒有腳，當然不會走，只會航行。

193 因為殺人犯兩個星期後執行死刑。

194 因為是在白天。

195 因為陽陽在韓國出生和長大。

196 因為小松是第二天早上才回家的。

197 因為大志是個還在吃奶的嬰兒。

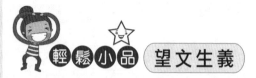
輕鬆小品 望文生義

　　洋人：「你們中國人的確是一個勤奮的民族。」
　　中國人：「何以見得？」
　　洋人：「每當我早晨經過街道，常常可以看到路旁的招牌寫著『早點』兩個大字，提醒路過上班的人，不要遲到。」

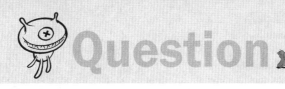

**198** 李小華不慎滑倒掉進泳池裡，為什麼他的褲子卻沒有弄濕？

**199** 一天，一個偷車賊在四處無人時看到一輛跑車，但他沒有偷。為什麼？

**200** 蠍子和螃蟹玩猜拳，牠們玩了兩天兩夜，還是分不出勝負，你猜為什麼？

**201** 從軍18年的花木蘭換上女裝後，為什麼讓昔日的袍澤大感驚訝？

**202** 為什麼現在地球上的猴子越來越少了？

**203** 小明總是馬馬虎虎，他同時寫了10封信，裝完信封他檢查了一下，發現有一封信裝錯了，爸爸說他又馬虎了，為什麼？

**204** 大力水手吃了一罐菠菜，為什麼沒有變成大力士？

**205** 為什麼10歲的叮噹聽到隔壁的阿姨都叫他「伯伯」，卻一點也不生氣？

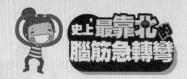
**198** 因為泳池裡當時沒有水。

**199** 因為那輛車是他自己的。

**200** 因為牠們都只能出剪刀。

**201** 他們覺得花木蘭還是穿男裝好看。

**202** 都變成人了。

**203** 因為如果裝錯了，肯定同時錯兩封，不可能只錯一封，檢查時小明又馬虎了。

**204** 因為他拿的是嬰兒食品。

**205** 因為他是阿拉伯人。

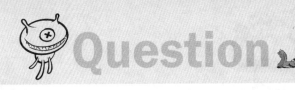

**206** 一月圓之夜，全世界的鬼魂都聚集在一起開狂歡大會，偏偏只有狼人沒有到，為什麼？

**207** 為什麼越有錢的人死了，棺材都越大？

**208** 小王開診所，生意一直不是很如意，一天他的診所突然車水馬龍排了一大堆人，為什麼？

**209** 小龍的爸爸看到小龍書包裡塞滿了鈔票，卻視若無睹，為什麼？

**210** 剛念幼稚園的皮皮才學英文一個月卻能毫無困難地和外國人交談，為什麼？

**211** 一隻羊碰到一隻老虎，非但不怕，而且還把那隻老虎給吃了，這是怎麼回事？

**212** 小明在圖畫課上交了一張全部塗黑的圖畫，為什麼老師還是算他及格？

**213** 一隻田鼠在挖洞時並沒有在洞口四周留下泥堆，為什麼？

**214** 芳芳吃牛肉麵，為何不見任何牛肉？

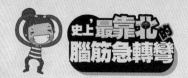 

**206** 因為狼人是妖怪不是鬼。

**207** 因為翻身比較方便。

**208** 因為他在診所門口貼了「今日就診3折」。

**209** 因為那是兒童玩具鈔票。

**210** 因為外國人用漢語與他交談。

**211** 因為那是隻紙老虎。

**212** 因為小明畫的是一個黑人在半夜裡抓烏鴉。

**213** 因為他在挖出口。

**214** 因為她吃的是牛肉速食麵。

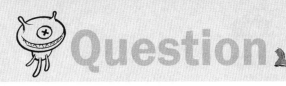
**215** 失意的湯姆毅然決然地跳入河中，可是他不會游泳，也沒有淹死，為什麼？

**216** 某明星被人用雞蛋襲擊，為什麼沒有哭鬧？

**217** 小陳週末去看電影，到了電影院，卻看不到半個人，為什麼？

**218** 一隻餓貓從一隻胖老鼠身旁走過，為什麼那隻饑餓的老貓竟無動於衷地繼續走牠的路，連看都沒看這隻老鼠？

**219** 烏龜為什麼會突然「一個頭兩個大」呢？

**220** 期末考試，小胖一題都不會做，但他突然眼睛一亮，開始奮筆疾書，為什麼？

**221** 小明的眼睛近視度很深，戴了眼鏡卻仍然模糊，為什麼？

**222** 為什麼10歲的小明能一隻手讓行駛中的汽車停下來？

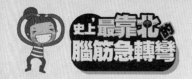 

215 因為他是墜入愛河。

216 因為天有不測風雲，人有蛋襲獲福（旦夕禍福）。

217 因為人都是一個一個的，沒有半個。

218 是瞎貓遇到死耗子。

219 烏龜也正在想這個問題。

220 他在寫班級、學號、姓名。

221 因為他戴了沒有鏡片的裝飾眼鏡。

222 因為車子是計程車。

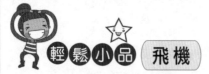 輕鬆小品 飛機

　　記者到了一個偏僻的鄉村採訪，他望著村外彎彎曲曲的小路，問一位老農：「這地方汽車沒來過吧？」

　　老農一聽不滿地說：「哪裡的話？這裡連飛機都來過哩！」老農邊說邊朝天空比劃著，「來來往往多少回了，就是沒下來過。」

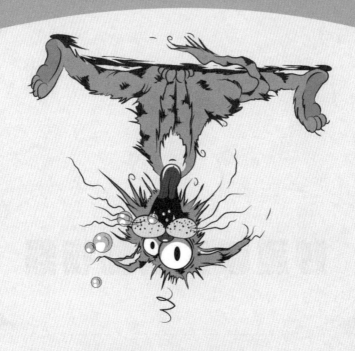

# BRAIN

# TEASERS ORZ

# 妙趣橫生的動物類

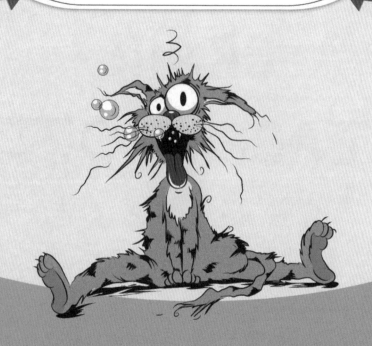

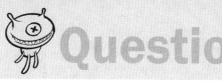

**2**

**01** 在地上有100元和一塊肉骨頭，可是阿黃卻撿了肉骨頭，請問為什麼？

**02** 老鷹的絕症是什麼？

**03** 豬的舌頭和尾巴碰到了一起，在什麼時候有這種可能呢？

**04** 一隻毛毛蟲過一條沒橋的河，牠怎麼過去呢？

**05** 森林裡有一條眼鏡蛇，可是牠從來不咬人，你知道為什麼嗎？

**06** 誰的腳常年走路不穿鞋？

**07** 一頭牛加一捆草等於什麼？

**08** 只有頭卻沒有身體的牛，叫做什麼牛？

**09** 姑媽送給小花一隻小貓，這隻小貓沒有死掉，也沒有跑掉，小花也沒有把牠送人，為什麼三個月後姑媽來小花家再沒有看見小貓？

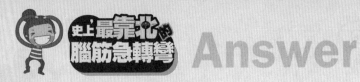
**01** 因為阿黃是條狗。

**02** 懼高症。

**03** 一隻豬的舌頭碰到另一隻豬的尾巴。

**04** 變成蝴蝶飛過去的。

**05** 因為那森林裡沒有人。

**06** 動物的腳。

**07** 還是一頭牛。

**08** 一頭牛。

**09** 牠已長成大貓了。

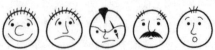

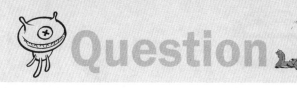

**10** 什麼老鼠跑得最快？

**11** 有一個嬰兒喝了牛奶之後，一星期重了十公斤，為什麼？

**12** 王先生養了一隻很漂亮的孔雀，有一天，王先生的孔雀在張先生的花園裡生了一顆蛋，請問這顆蛋應屬於誰的？

**13** 魚的老家在水裡，新家在哪裡呢？

**14** 一條專門吃人的鱷魚為什麼也能獲准進入天堂？

**15** 癩蛤蟆怎樣才能吃到天鵝肉？

**16** 古時候沒有鐘，有人養了一群雞，可是天亮時，沒有一隻雞給他報曉。這是為什麼？

**17** 為什麼騎馬找馬？

**18** 大象的長鼻子是怎麼長成的？

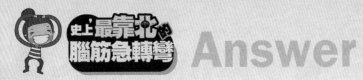

10 看見貓的老鼠。

11 那是一頭牛。

12 孔雀的。

13 鍋裡。

14 因為牠吃了一個神父。

15 等天鵝死了。

16 他養了一群母雞。

17 因為不認識驢。

18 出生時就有的。

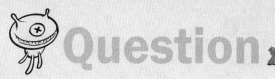

妙趣橫生的動物類

**19** 一個快，一個慢；一個善，一個凶。但是在一起的時候，就是糊塗蟲。它們是什麼呢？

**20** 對武松出名最有幫助的是誰呢？

**21** 大寶今天考試考得很糟，心裡煩躁，同學們叫他去玩也不去，他最要好的朋友小寶來了，對他連說「妙」。大寶不但沒有責怪小寶，反而把好吃的給小寶。你說奇怪不奇怪呢？

**22** 做什麼比趕一隻豬進欄更吵呢？

**23** 你知道為什麼魚只生活在水裡，而不生活在陸地上嗎？

**24** 一隻很會叫的狗，我們叫牠什麼？

**25** 一個農場沒有雞，為什麼有蛋？

**26** 世界上什麼魚兩個眼睛距離最近？

**27** 狗的兒子跟龍的兒子，有幾點差異？

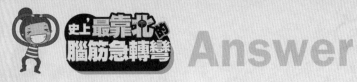
**19** 馬虎。

**20** 老虎。

**21** 小寶是隻貓。

**22** 趕兩隻或是更多的豬。

**23** 陸地上有貓。

**24** 吵死人。

**25** 因為農場養鴨。

**26** 最小的魚。

**27** 一點（犬子、太子）。

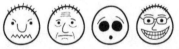

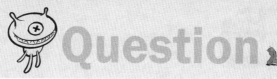

**28** 每天早上是公雞叫太陽起床還是太陽叫公雞起床？

**29** 大灰狼拖走了羊媽媽，小羊為什麼也不聲不響地跟了去？

**30** 蝌蚪沒有尾巴，成了青蛙。如果猴子沒有尾巴，是什麼？

**31** 哪一種鴨子顏色最漂亮？

**32** 誰最喜歡咬文嚼字？

**33** 如何把撒在地上的芝麻迅速撿完？

**34** 馬在哪裡不需腿也能走？

**35** 小紅的爸爸帶了一些兔子去賣，回來時，小紅爸爸既帶來了錢又帶回了兔子。這是怎麼回事？

**36** 有一隻小白貓掉進河裡了，一隻小黑貓把牠救了上來，請問：小白貓上岸後的第一句話是什麼？

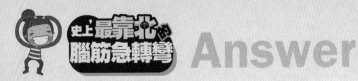
**28** 都不是，是時間叫他們起床。

**29** 小羊在羊媽媽的肚子裡。

**30** 仍是猴子。

**31** 燒鴨。

**32** 碎紙機。

**33** 把雞叫起來。

**34** 象棋盤上。

**35** 小紅爸爸賣了兔毛。

**36** 喵。

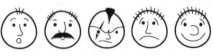

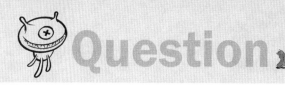
**37** 袋鼠和猴子參加跳高比賽,為什麼猴子一開始就贏了?

**38** 小明到動物園玩,看到一隻大黑熊,很高興地摸了摸牠,但那隻大黑熊一點也不生氣。為什麼?

**39** 小花站起來同飯桌一樣高,兩年之後,反而在桌子下活動自如,為什麼?

**40** 美麗為何一天到晚吐舌頭?

**41** 如果恐龍沒有絕跡,世界將會變成什麼樣子?

**42** 被人家放了鴿子還很高興的是誰?

**43** 有隻小螞蟻在自己家附近玩耍。不久,看見一頭大象慢慢走了過來,螞蟻一驚,連忙跑回家去,想了想又伸出了一條自己細細的小腿,請問為什麼?

**44** 什麼老鼠用兩隻腳走路?

37 袋鼠雙腳起跳犯規。

38 那隻大黑熊是個標本。

39 小花是一條狗。

40 牠是狗呀。

41 再也沒有太多人稀罕它的存在。

42 鴿子。

43 小螞蟻想把大象絆倒。

44 米老鼠。

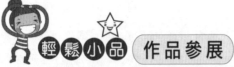

輕鬆小品 作品參展

　　「我為畫展畫了點東西。已經掛出來了，就在入口處旁邊最醒

　　目的地方。」

　　「恭喜你，那畫的是什麼？」

　　「一塊標示牌，往左走的標示牌。」

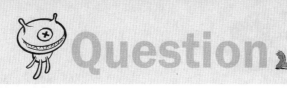

**45** 兔子的眼睛為什麼是紅的？

**46** 什麼東西不問明白不罷休？

**47** 為什麼形形與壯壯第一次見面，就一口咬定壯壯是喝羊奶長大的？

**48** 一頭牛面向北，然後向後轉，再向東轉，這時牛的尾巴是朝東還是朝西？

**49** 兩隻狗賽跑，甲狗跑得快，乙狗跑得慢，跑到終點時，哪隻狗出汗多？

**50** 進動物園後，最先看到的是哪種動物？

**51** 蝸牛從台北到高雄只用了一分鐘，為什麼？

**52** 小明的小貓從來不捉老鼠，這是為什麼？

**53** 一隻狼鑽進羊圈，想吃羊，可是牠為什麼又沒吃羊？

妙趣橫生的動物類

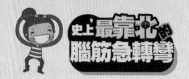
**45** 因為兔子和烏龜賽跑輸了，哭紅了眼睛。

**46** 知了。

**47** 壯壯是一隻羊。

**48** 朝地。

**49** 狗不出汗。

**50** 人。

**51** 蝸牛在地圖上爬。

**52** 因為這是玩具貓。

**53** 因為，羊圈裡沒有羊。

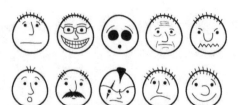

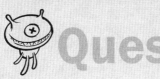

**54** 一個手無寸鐵的人鑽進了獅子籠裡，為什麼平安無事？

**55** 某人為打掃兔籠子，將4隻活兔子放進裝有4隻老虎的籠子裡，打掃出2個兔籠子後，想把兔子放回兔籠裡。這時，還有幾隻活兔子？

**56** 全世界最大的公雞從哪裡來的？

**57** 麒麟飛到北極會變成什麼？

**58** 大雁為什麼往南飛？

**59** 先有雞還是先有蛋？

**60** 一個公雞在尖尖的房子上下了一個蛋，它會往哪邊掉呢？

**61** 為什麼好馬不吃回頭草？

**62** 電線桿上有三隻鳥在打架，為什麼一隻鳥掉了下來，另外的兩隻也掉了下來？

54 獅子籠是空的。

55 因為老虎吃了兔子，所以沒有活兔子了。

56 雞蛋裡。

57 冰淇淋。

58 因為飛比走要快。

59 先有蛋，因為在字典裡，「蛋」在「雞」的前面。

60 公雞是不會生蛋的。

61 後面的草全吃沒了。

62 因為他們拍手叫好，所以也掉了下來。

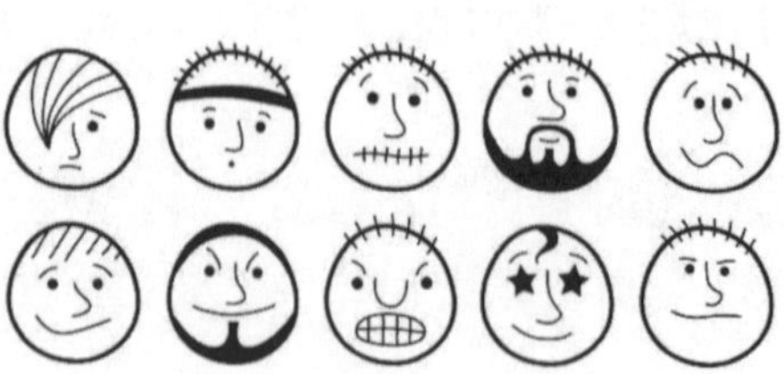

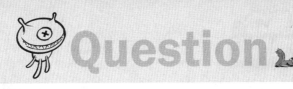
**63** 什麼東西有兩個腦袋、六條腿、一條尾巴？

**64** 北極有一種動物，背上有兩個峰四隻腳，猜一種五個字的動物。

**65** 有種動物，大小像隻貓，長相又像虎，這是什麼動物？

**66** 為什麼母雞都是短腿？

**67** 她把小鳥放在桌子上，小鳥卻沒有飛走，是什麼原因？

**68** 平平把魚放在魚缸裡，不到十分鐘魚都死了，為什麼？

**69** 一隻餓貓從一隻胖老鼠身旁走過，為什麼那隻飢餓的老貓竟無動於衷繼續走牠的路，連看都沒看這隻老鼠？

**70** 龜兔又賽跑了，這次兔子沒有偷懶、貪玩。但是這次兔子還是輸了，為什麼？

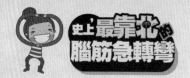

**63** 人騎馬。

**64** 迷失的駱駝。

**65** 小老虎。

**66** 這樣雞蛋不會摔破。

**67** 小鳥已死。

**68** 魚缸內沒有水。

**69** 這是一隻可憐的瞎貓碰到一隻死老鼠。

**70** 烏龜把終點設在了海裡。

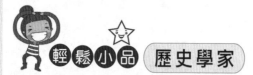

你妻子是做什麼的？

她是個家庭主婦，不過只要她一和我吵架，她就成了歷史學家。

你是說，她歇斯底里嗎？

不，她揭我的老底，一件瑣事都不會忘掉。

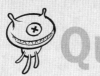

**71** 「水蛇」、「蟒蛇」、「青竹蛇」，哪一個比較長？

**72** 貓和豬有何區別？

**73** 有一群小雞在菜地裡亂竄，小雞是誰的？

**74** 王大爺養了隻乖乖狗，卻從來不幫狗洗澡，為什麼這隻狗仍不會生跳蚤。為什麼？

**75** 兔子為什麼不吃窩邊草？

**76** 什麼樣的雞蛋永遠也孵不出小雞？

**77** 貝兒的媽媽從外地買回一種魚，無論放多長時間也不會臭。為什麼？

**78** 有一隻瞎了左眼的山羊，在牠的左邊放一塊豬肉，在牠的右邊放一塊豬肉，請問牠會先吃哪一塊？

**79** 老師說蚯蚓切成兩段仍能再生，小東照老師的話去做了，而蚯蚓卻死了，為什麼？

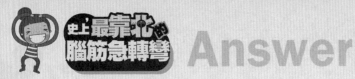
**71** 「青竹蛇」最長，因為它有三個字。

**72** 一種是寵物，一種是食物。

**73** 雞媽媽。

**74** 狗不會生跳蚤。

**75** 如果兔子吃了窩邊草的話，那牠的窩就沒有可以隱藏的東西了。

**76** 熟的。

**77** 貝兒媽媽買的是木魚。

**78** 都不吃，山羊吃素。

**79** 小東是豎著將蚯蚓切開的。

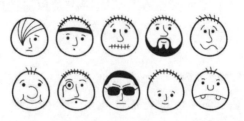

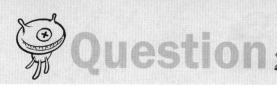
**80** 阿強和阿燕死在一間密室中，現場只留下一灘水和一些碎玻璃，這是怎麼回事呢？

**81** 為什麼白鷺鷥總是縮著一隻腳睡覺？

**82** 為什麼老虎打架非要拚個你死我活絕不罷休？

**83** 蠍子和螃蟹玩猜拳，為什麼牠們玩了兩天還是分不出勝負呢？

**84** 猴子每分鐘能剝開一個玉米，在果園裡，一隻猴子5分鐘能剝開幾個玉米？

**85** 阿明給蚊子咬了一大一小兩個包，請問較大的包是公蚊子咬的，還是母蚊子咬的？

**86** 什麼動物你打死了牠，卻流了你的血？

**87** 牛小時候叫「犢」，那兔子、烏龜小時候應如何稱呼？

**88** 豬的全身都是寶，用處很大，豬對人類還有什麼用處？

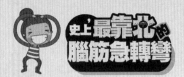

**80** 阿強和阿燕是金魚。

**81** 縮兩隻腳就會跌倒。

**82** 沒有人敢去勸架。

**83** 蠍子和螃蟹都出剪刀。

**84** 一個都沒有。果園裡沒有玉米。

**85** 當然是母蚊子咬的，公蚊是不咬人的。

**86** 蚊子。

**87** 兔崽子，龜兒子。

**88** 還可以用來罵人，如笨得像頭豬，蠢豬。

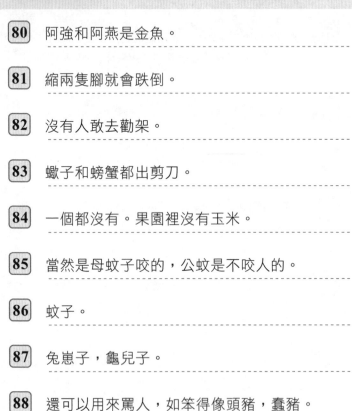

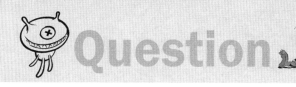

**89** 森林中有十隻鳥，小明開槍打死了一隻，其他九隻卻都沒有飛走，為什麼？

**90** 什麼地方盛產安哥拉兔毛？

**91** 為什麼金魚看上去老是傻乎乎的？

**92** 螳螂請蜈蚣和壁虎到家中做客，燒菜的時候發現醬油沒有了，蜈蚣自告奮勇出去買，卻久久未回，究竟發生了什麼事？

**93** 熊為什麼冬眠時會睡這麼久？

**94** 一隻小鳥飛進了迪斯可舞廳，忽然掉了下來，請問發生了什麼事？

**95** 海水為什麼是鹹的？

**96** 大熊貓一生中的最大遺憾是什麼？

**97** 有一隻狼來到了北極，不小心掉到冰海中，被撈起來時，牠變成了什麼？

89 | 是鴕鳥。

90 | 安哥拉兔身上。

91 | 牠腦袋裡灌水了。

92 | 打開門後，他們發現蜈蚣還坐在門口穿鞋。

93 | 因為沒人敢叫牠起床。

94 | 聲音太大，牠用翅膀摀住耳朵就掉下來了。

95 | 魚流的淚太多了。

96 | 沒有彩色照片。

97 | 檳榔（冰狼）。

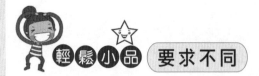

輕鬆小品　要求不同

有三個女人談到一個急於結婚的男人。

十七歲的少女：那個男人長得英俊嗎？

二十五歲的小姐：那男人一個月的薪水有多少？

三十五歲的女人：那個男人現在在哪裡？

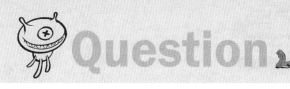
**98** 80公分長的紅螃蟹和30公分長的黑螃蟹比賽跑步，誰會贏？

**99** 什麼動物天天熬夜？

**100** 一頭小豬賣2000元，為什麼兩頭小豬卻可以賣幾萬元？

**101** 人為什麼喜歡往上爬？

**102** 為什麼現在的猴子越來越少了？

**103** 為什麼森林之王老虎總是派獅子去聯繫事情？

**104** 抓到什麼賊後，可以馬上處死刑？

**105** 一隻毛蟲（八隻腳）走上一堆牛糞，下地以後卻發現只有六個腳印，為什麼？

**106** 草地上畫了一個直徑十公尺的圓圈，內有牛一頭，圓圈中心插了一根木樁。牛被一根五公尺長的繩子拴著，如果不割斷繩子，也不解開繩子，那麼這頭牛能否吃到圈外的草？

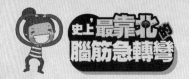

# Answer

**98** 黑螃蟹。因為紅螃蟹是煮熟的。

**99** 熊貓，牠熬得眼圈都黑了。

**100** 因為長了兩個頭的小豬實在罕見。

**101** 因為人是猴子變的。

**102** 都變成人了。

**103** （獅）失去聯絡。

**104** 烏賊。

**105** 牛糞很臭，兩隻腳捏住鼻子了。

**106** 能，因為題中並沒說牛被拴在木樁上。

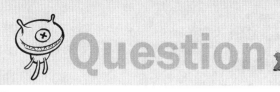

**107** 什麼魚的肚皮是浮上水面的？

**108** 一隻羊在吃草，一隻狼從旁邊經過沒有吃羊。（猜一水生動物）。又一隻狼經過，還是沒有吃羊。（猜一水生動物）。第三隻狼經過，羊對狼大叫，狼還是沒吃羊。（猜一水生動物）。

**109** 有5隻小螞蟻，每隻小螞蟻都說牠身後還有1隻小螞蟻，為什麼？

**110** 黑雞厲害還是白雞厲害？為什麼？

**111** 龜兔賽跑總是龜贏，兔子應該堅持比哪一項目，才能贏得了烏龜？

**112** 動物園中，大象鼻子最長，鼻子第二長的是什麼？

**113** 杏子從52樓跳下，為什麼沒事？

**114** 有一天小豬出去玩耍，路過一座橋，上寫最多承受100斤，小豬很鬱悶，因為小豬有101斤。但是，第二天，小豬沒有借助任何工具完全靠自己就過了橋，請問小豬是怎麼過了橋的呢？

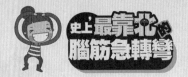

107 死魚。

108 蝦（瞎）、對蝦（對瞎）、龍蝦（聾瞎）。

109 有隻小螞蟻在說謊。

110 黑雞厲害，能下白蛋，白雞下不了黑蛋。

111 仰臥起坐。

112 小象。

113 她是隻鳥。

114 小豬一天不吃不喝，瘦了一斤多。

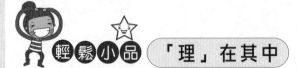

　　傑克騎著自行車在街道上疾駛，過往的人群紛紛避讓。

　　警察阻止他問：「您為什麼騎這麼快？」

　　傑克回答：「對不起，我的煞車壞了，所以我想儘快騎回去修理，以免發生意外！」

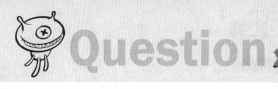

**115** 大雁從北向南飛，中途被獵人擊中好幾槍，那隻大雁為什麼沒有掉下來呢？

**116** 毛毛蟲回到家，對爸爸說了一句話，爸爸當場暈倒，毛毛蟲說了什麼？

**117** 大象的左邊耳朵像什麼？

**118** 三隻烏龜來到一家飯館，要了三份蛋糕。東西剛端上桌，他們都沒帶錢。大烏龜說：「我最大，不用回去拿錢。」中烏龜說：「派小烏龜去最合適。」小烏龜說：「我回去拿錢，但我走之後，你們不准動我的蛋糕！」小烏龜走了。因為腹中空空，大、中烏龜很快將自己的那份蛋糕吃完了。可是，小烏龜遲遲不見蹤影。第三天，大、中烏龜餓極了，不約而同地說：「咱們還是把小龜的那份吃了吧。」正當他們要動手吃時，隔壁傳來小烏龜的聲音：「……」牠說了什麼嗎？

**119** 雞蛋裡面挑「骨頭」表示故意找人麻煩，那雞蛋裡面挑「石頭」又代表什麼意思？

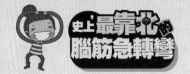
**115** 那隻大雁是一個風箏。

----

**116** 毛毛蟲說：「我要買鞋。」

----

**117** 右邊耳朵。

----

**118** 「如果你們敢動我的蛋糕，我就不回去拿錢了！」

----

**119** 小雞得了腎結石必須挑石頭了。

----

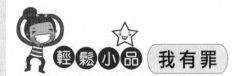

輕鬆小品　我有罪

　　有一個人對神父說：神父，我有罪。

　　神父說：孩子，每個人都有罪。你犯了什麼錯？

　　那人回答：神父，我偷了別人一條牛，我該怎麼辦？神父，我把牛送給你好不好？

　　神父回答：我不要，你應該把那頭牛送還給那位失主才對。

　　那人說：但是他說他不要。

　　神父說：那你就自己收下吧！

　　結果，當天晚上神父回到家後，發現他的牛不見了。

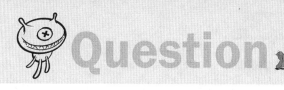

**2**

妙趣橫生的動物類

**120** 什麼東西大象才有，而別的東西沒有？

**121** 有一隻豬，牠在被10隻老虎的圍攻下居然脫身了，為什麼？

**122** 一位記者去北極訪問100隻企鵝。他問第一隻企鵝平時的興趣是什麼？第一隻企鵝說：「吃飯，睡覺，打豆豆。」那隻企鵝就走了。他又訪問第二隻企鵝他平時的興趣是什麼？第二隻企鵝說：「吃飯，睡覺，打豆豆。」接二連三的訪問從第一隻企鵝到第99隻企鵝他們平時的興趣都是「吃飯，睡覺，打豆豆。」直到第100隻企鵝，記者問他說你平時的興趣是什麼？第100隻企鵝：「吃飯，睡覺。」記者覺得很奇怪，便問他說：你怎麼不打豆豆呢？第100隻企鵝怎樣回答的呢？

**123** 從前有隻小羊，有一天牠出去玩，結果碰上了大灰狼。大灰狼說：「我要吃了你！」你們猜，結果怎麼了？

**124** 一個侍者給客人上啤酒，一隻蒼蠅掉進杯子裡面，侍者和客人都看見了，請問誰最倒霉？

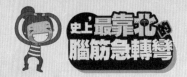
120 別的東西沒有小象。

121 靈魂脫離了身體，簡稱脫身。

122 「因為我就是豆豆啊。」

123 結果大灰狼就把小羊吃了。

124 蒼蠅。

輕鬆小品 病人差勁

　　有一位醫生，他的運氣非常的差，來找他看病的人老是治不好。

　　他老婆對他說：怎麼你幫人看病總是無效呢？是不是你的醫術不好呢？」

　　「不不，我的醫術非常精湛。是病人都很差勁，所以治不好。」

　　「病人又是怎麼個差勁法呢？」

　　「我都照書本上寫的來施行治療，可是病人們卻不按書上寫的那樣生病。」

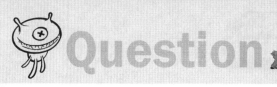

**125** 何種動物最接近於人類？

**126** 一隻螞蟻不小心從飛機上掉了下來就死了，猜猜牠是怎麼死的？

**127** 長鬍子的山羊是母羊還是公羊？

**128** 有一群老鼠，中間有隻貓，問還有幾隻老鼠？

**129** 懷孕的母狗怕人踢牠，可是有個傢伙踢牠，牠既不躲避也不生氣，為什麼？

**130** 一隻餓得精瘦的狼忽然發現一個無人看管的羊圈，勉強從很窄的缺口擠了進去。剛想飽餐一頓，想起吃飽了會出不去，可是把羊拖出去吧，缺口還嫌窄……不過，狼最後還是飽餐了一頓，牠用的是什麼方法？

**131** 大象為什麼會有那麼長的鼻子？

**132** 貓最喜歡吃什麼？

**133** 世界上哪裡的大象最小？

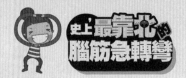
125 寄生在人身體上的寄生蟲。

126 是因為飄得太久，餓死了。

127 山羊無論公母都長鬍子。

128 一隻也沒有。

129 因為那是狗寶寶在牠肚子裡踢。

130 先將羊咬死再咬成一塊塊的肉，然後拖出去吃掉。

131 牠愛說謊。

132 老鼠。

133 書上的。

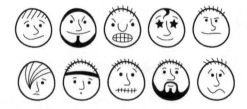

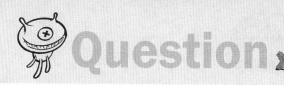

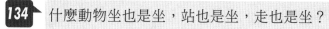

妙趣橫生的動物類

**134** 什麼動物坐也是坐，站也是坐，走也是坐？

**135** 有人說吃魚可避免患近視眼，為什麼？

**136** 小呆騎在大牛身上，為什麼大牛不吃草？

**137** 樹上站了8隻鳥，開槍打死了一隻，還剩幾隻鳥？

**138** 北極熊食肉，牠為什麼不吃企鵝？

**139** 魚與熊掌要如何才可兼得？

**140** 一頭被10公尺繩子拴住的老虎，要如何吃到20公尺外的草？

**141** 小雞和小鴨結伴去郊遊，牠們要過一座山、一條小河，牠們能到達目地嗎？

**142** 小王用捕鼠籠在家抓老鼠，第二天一早，發現籠子裡抓了一隻活老鼠，而籠子外面卻有兩隻四腳朝天的死老鼠，為什麼？

**143** 打狗要看主人，那打老虎要看什麼？

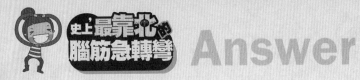
134 青蛙。

135 你見過魚戴眼鏡嗎？

136 因為大牛是人。

137 一隻死鳥。

138 吃不到。

139 養隻會抓魚的熊。

140 老虎不吃草。

141 不能。因為小雞不會游泳。

142 那兩隻老鼠看見同伴竟然笨得上當被捕，活活笑死的。

143 看你有沒有「種」。

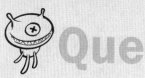
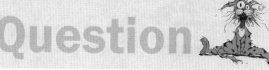

**144** 在狩獵公園的池子中，鱷魚正咬住管理員的帽子游走；只見池子外的所有管理員都一起叫罵著。但是，並沒有人的帽子不見了。為什麼？

**145** 一隻雞，一隻鵝，放冰箱裡，雞凍死了，鵝卻活著，為什麼？

**146** 一頭公牛加一頭母牛，猜三個字？

**147** 農夫養了10頭牛，為什麼只有19支角？

**148** 美人魚最怕碰到誰？

**149** 什麼鴨子用兩隻腳走路？

**150** 山坡上有一群羊，又來了一群羊。一共有幾群羊？

**151** 兩隻蜘蛛有多少條腿？

**152** 白色的馬叫白馬，黑色的馬叫黑馬，黑白相間的馬叫斑馬，那麼黑色白色紅色相間的馬叫什麼馬？

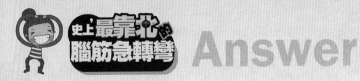 

**144** 鱷魚把戴此帽子的管理員吞下去了。

**145** 是企鵝。

**146** 兩頭牛。

**147** 因為其中一頭是犀牛。

**148** 加菲貓。

**149** 所有的鴨子都是用兩隻腳走路。

**150** 還是一群羊。

**151** 一隻蜘蛛八隻腿,兩隻蜘蛛十六條腿。

**152** 害羞的斑馬。

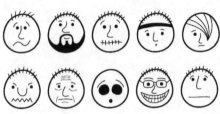

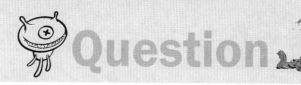

**153** 一隻狗和一隻青蛙比賽游泳，平常都是青蛙游得快，為什麼在一次比賽中狗贏了？

**154** 雞鵝百米賽跑，雞比鵝跑得快，為什麼卻後到終點站？

**155** 馬要如何過河？

**156** 什麼動物可以貼在牆上？

**157** 為什麼企鵝的肚子是白的？

**158** 布和紙怕什麼？

**159** 怎樣使麻雀安靜下來？

**160** 為什麼小白兔不嫁給斑馬呢？

**161** 猴子不喜歡什麼線？

**162** 猴子老師要考背誦，他的學生豬、狗、貓、羊，誰會先起來背？

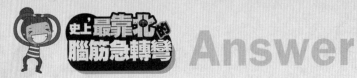

153 因為當時的比賽規則是只許用狗爬式，不許用蛙式！

154 雞跑錯了方向。

155 走過去就行，牠是河馬。

156 海豹（報）貼在牆壁上。

157 由於企鵝的手短，洗澡只能搓前面。

158 布怕一萬，紙怕萬一（不怕一萬，只怕萬一）。

159 壓牠一下。鴉雀無聲（壓雀無聲）。

160 因為兔媽媽說紋身不是好孩子。

161 平行線。因為沒有相交「香蕉」。

162 小狗。因為旺旺仙貝（汪汪先背）。

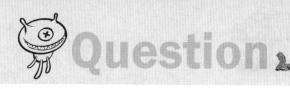

**163** 蝴蝶、螞蟻、蜘蛛、蜈蚣，他們一起工作，最後哪一個沒有領到酬勞？

**164** 有一隻鯊魚吃下了一顆綠豆，結果牠變成了什麼？

**165** 「丹丹」是小狗的名字還是小老虎的名字？

**166** 哪種動物最沒有方向感？

**167** 為什麼公主結婚了就不用掛蚊帳了？

**168** 什麼東西將一間屋子裝滿，人又能活動自如？

**169** 什麼帽不能戴？

**170** 三兄弟中，雖然我跑得最慢，但如果沒有我，他們倆也不知道跑了多少圈。猜猜看，我是什麼？

**171** 黃先生對於找尋失物非常厲害，再細微的東西弄失了，他都可以找得出來。但是有一次他丟了一件東西卻不能一下子就找出來，為此大傷腦筋呢！他到底丟了什麼東西？

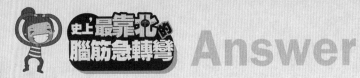

163　蜈蚣。無功不受祿。

164　綠豆沙（綠豆鯊）。

165　小老虎（虎視眈眈）。

166　麋鹿（迷路）。

167　因為有青蛙王子。

168　空氣和光。

169　螺帽。

170　時針。

171　他丟的是隱形眼鏡。

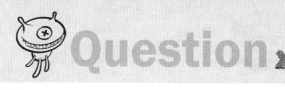

**172** 誰的腦子記住的東西最多？

**173** 世界上除了火車什麼車最長？

**174** 一天，有兩人在馬路上走著，一人說：「你看前面有輛車。」另一個人卻說：「沒車。」為什麼？

**175** 哪一件衣服最耐穿？

**176** 什麼布切不斷？

**177** 什麼東西嘴裡沒有舌頭？

**178** 什麼東西愈洗愈髒？

**179** 連長用餐完畢向一旁的朱排長借火柴，朱排長慇勤地掏出「都彭」打火機，卻被連長白了他一眼，為什麼？

**180** 勞資爭議時，僱主應該穿什麼？

**181** 這個東西，左看像電燈，右看也像電燈，和電燈沒什麼兩樣。但它就是不會亮，這是什麼東西呢？

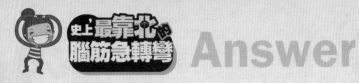 

172 電腦。

173 塞車。

174 另一個人説的是「煤車」。

175 最不喜歡的那件。

176 瀑布。

177 茶壺嘴。

178 水。

179 打火機怎麼剔牙？

180 防彈背心。

181 壞掉的電燈。

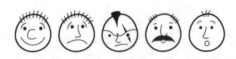

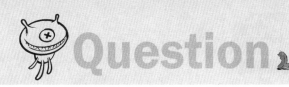

**182** 用什麼擦地最乾淨？

**183** 雞蛋殼有什麼用處？

**184** 一台冷氣從樓上掉下來，會變成什麼器？

**185** 一個獵人，一隻槍，槍射程100公尺，有一隻狼離獵人200公尺，獵人和狼都不動，可是獵人卻開槍把狼打死了。為什麼？

**186** 新買的襪子怎麼會有一個洞？

**187** 車禍發生不久，第一批警察就趕到了現場，他們發現司機完好無損，翻覆的車子內外血跡斑斑，卻沒有見到死者和傷者，而這裡是荒郊野外，並無人煙。這是怎麼回事呢？

**188** 什麼英文字母最多人喜歡聽呢？

**189** 歐美人就餐前第一道菜是湯，你知道湯裡經常會有什麼嗎？

**190** 下雨天不怕雨淋的是什麼？

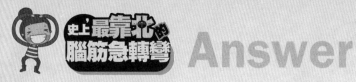
| 182 | 用力。 |
|---|---|

| 183 | 用來包蛋清和蛋黃。 |
|---|---|

| 184 | 凶器。 |
|---|---|

| 185 | 槍長一百公尺。 |
|---|---|

| 186 | 襪口。 |
|---|---|

| 187 | 這是一輛捐血車。 |
|---|---|

| 188 | CD。 |
|---|---|

| 189 | 鹽。 |
|---|---|

| 190 | 雨傘和雨衣。 |
|---|---|

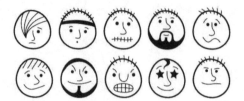

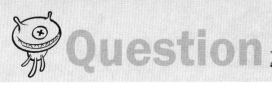

**191** 大似西瓜，輕似鴻毛。這是什麼呢？

**192** 比細菌還小的東西是什麼？

**193** 有一塊天然黑色的大理石，在九月七號這一天，把它扔到錢塘江裡會有什麼現象發生？

**194** 什麼槍把人打跑卻不傷人？

**195** 飛機在天上飛，突然沒油了，什麼東西先掉下來？

**196** 有一根鐵線，如果用鉗子把它剪斷後，它仍然是一根與原來長度相等的鐵線。請問，這是一根什麼形狀的鐵線？

**197** 一條河上有兩座橋，一高一低，為什麼高的一年被淹兩次，低的卻只被淹一次？

**198** 時鐘什麼時候不會走？

**199** 世界上有哪一種花通常夏天是冰冷的，冬天是溫熱的？

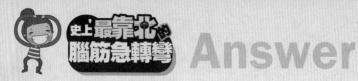 

191 氣球。

192 細菌的兒子。

193 沉到江底。

194 水槍。

195 油量表指針。

196 環形的鐵線。

197 高的橋在下游。

198 時鐘本來就不會走。

199 豆花。

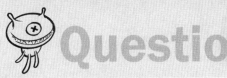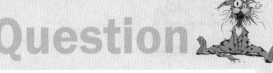
**200** 有一個小圓孔的直徑只有1公分,而一種體積達100立方米的物體卻能順利通過這個小孔。那麼,它是什麼物體呢?

**201** 什麼東西越剪越大?

**202** 網是用什麼做成的?

**203** 為什麼人要拿頭撞豆腐?

**204** 兩個人去露營,晚上睡在帳篷裡。不久,其中一個人醒來叫醒另一人,問道:「你看天上的星星。你會想到什麼?」另一個人一回答,他卻大吃一驚。那個人說了什麼?

**205** 什麼東西要藏起來暗地裡用,用完之後再暗地裡交給別人?

**206** 新版的紙幣,竟然印得不一樣,為什麼?

**207** 去商店買東西,可是櫃檯的櫥窗裡卻什麼也沒有。為什麼?

**208** 什麼東西使人哭笑不得?

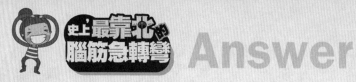
**200** 水。

**201** 洞。

**202** 用一個個洞做成的。

**203** 因為豆腐不會撞頭。

**204** 帳篷被人偷走了。

**205** 底片。

**206** 每張紙幣的號碼不一樣。

**207** 在賣櫃檯。

**208** 口罩。

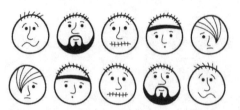

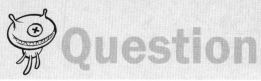

**209** 身分證掉了怎麼辦？

**210** 咬一口走一步的是什麼東西呢？

**211** 有一個這樣的東西：有一個脖子，但沒腦子；
有兩個手臂，但是卻沒有手。這個東西是什麼
呢？

**212** 有兩個面的盒子嗎？

**213** 什麼牌子的汽車最討厭別人摸？

**214** 想想看：眼睛看不見，口卻能分辨，這是什麼？

**215** 電梯除了比樓梯省時省力之外，最大的好處是
什麼？

**216** 某人買了一輛車，兩年後卻以更高的價錢賣出
去，為什麼？

**217** 什麼東西裝玻璃，愛把鼻子當馬騎？

**218** 什麼東西放在火中不會燃，放在水中不會沉？

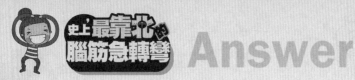

209 撿起來。

210 剪刀。

211 襯衫。

212 有。裡面和外面。

213 ＢＭＷ（別摸我）。

214 味道。

215 萬一跌倒，不會一路滾下去。

216 古董車。

217 眼鏡。

218 冰塊。

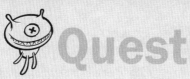

**219** 什麼東西肥得快，瘦得更快？

**220** 一朵盛開在家裡的花，卻被關在籠子裡。請問這是什麼？

**221** 什麼東西只有一隻腳卻能跑遍屋子的所有角落？

**222** 什麼東西沒有價值但大家又很喜歡？

**223** 有牙齒卻從來不吃東西，這個是什麼呢？

**224** 它們上上下下，卻從來不動，它們是什麼呢？

**225** 有口卻從來都不吃，有床卻從來都不睡，這是什麼呢？

**226** 超市裡面最值錢的東西是什麼？

**227** 286、386、486這些CPU差在哪裡？

**228** 什麼字代表十月十日？

**229** 什麼動物的皮膚不好？

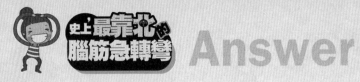
219 氣球。

220 電風扇。

221 掃帚。

222 無價之寶。

223 梳子。

224 樓梯。

225 河床。

226 收銀機。

227 插在主板上。

228 朝。

229 象，因為橡（象）皮差。

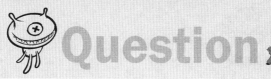

**230** 什麼字是刀出鞘？

**231** 什麼字等於八十八？

**232** 獵人來了，是什麼水果？

**233** 哪個字有一大二小？

**234** 世界上什麼雞跑得快？什麼雞慢？

**235** 一個離過很多次婚的女人，可以用什麼成語形容？

輕鬆小品 **懶惰的人**

有一個懶惰的人，什麼也不做，日子一久生活都成問題了，鄰居想了一下說：「那你去守墓園，因為沒有比那更輕鬆的了」。

可是沒去多久，他又回來了，生氣對鄰居說：「氣死我了，我不做了」

「為什麼呢？」

「簡直太不公平了，他們都躺著，只有我一個人站著。」

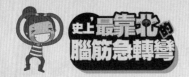 

230 力。

231 米。

232 壽桃，因為「獸逃」。

233 奈。

234 肯德雞塊（快），妮可基曼（慢）。

235 前功盡棄（前「公」盡棄）。

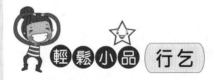

一個「盲」乞丐在牆角向路人請求施捨。當沒有路人時，他便把地上的硬幣逐個拾起，然後放進衣袋。

「你別裝瞎了！」一個路人識破了他的詭計，憤怒地說：「你根本就不是盲人。」

「是的，先生。我只是來代班，每天都坐在這裡的那個正職的盲人，他今天去看電影了，所以請我來替代他。我真的不是盲人，我只是個啞巴。」

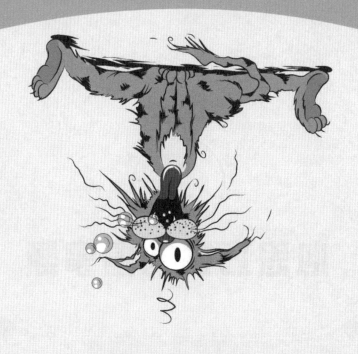

# BRAIN

# TEASERS ORZ

# 心思巧妙的處事類

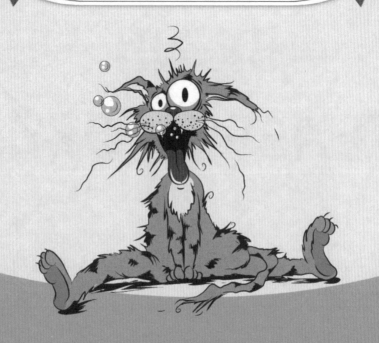

**01** 有四副手套，大小、質量都完全相同，每副疊放在一起。其中，兩副是黑色的，兩副是紅色的。這四副手套不規則地放在桌子的不同位置，如果矇住你的眼睛，你能準確地拿出一副黑色的和一副紅色的手套嗎？

**02** 有半瓶酒，瓶口用軟木塞塞住，在不敲碎瓶子、不准拔去木塞、不准在塞子上鑽孔的情況下，怎樣喝到瓶子裡的酒？

**03** 我不會輕功，僅一隻腳搭在雞蛋上，雞蛋卻不會破，這是為什麼？

**04** 街頭什麼時候車子最多？

**05** 在茫茫大海上漂泊了大半年的海員，一腳踏上大陸後，他接下來最想做什麼事情？

**06** 什麼東西一百個男人無法舉起，一個女子卻可單手舉起？

**07** 文文在洗衣服，但洗了半天，她的衣服還是髒的，為什麼？

01 在四副手套中各拿一隻，組成一副黑色的和一副紅色的。

----

02 把塞子推到瓶裡去。

----

03 另一隻腳站在地上。

----

04 車主都開著車出來的時候。

----

05 踏上另一隻腳。

----

06 比如一個雞蛋，一百個男人不可能同時舉起一個雞蛋。

----

07 她在洗別人的衣服。

----

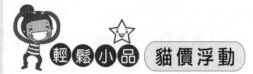

在市場上，一位顧客問：「這隻貓賣多少錢？」
「先生，1000元。」
「可是昨天你說只要200元。」
「因為今天早上牠吃了我一隻價值800元的鸚鵡。」

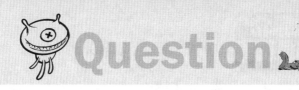

**08** 有一個女孩子穿著泳衣在沙灘上走，為什麼在她的身後卻沒有腳印？

**09** 老張二十多年來一直賣假貨，為什麼大家卻認為他是大好人？

**10** 今天賣報的老吳賣了100份報紙，但只收入幾塊錢，為什麼？

**11** 請你解釋：悲劇和喜劇有什麼聯繫？

**12** 有兩人一人向西，一人向東，背對背站著，他們要走多遠（直走）才能見面？

**13** 什麼戲人人都演過？

**14** 一個人上了手術台是什麼心情？

**15** 一個人想在一夜之間變成百萬富翁，他該怎麼辦？

**16** 阿呆開車去動物園玩，動物園很近，他的路並沒有走錯，為何卻總到不了目的地？

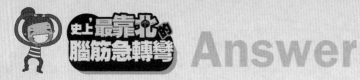

**08** 因為她是倒著走的。

**09** 老張賣的是假髮。

**10** 他賣的是舊報紙。

**11** 喜劇沒人喜歡看，就成悲劇了。

**12** 每人退後一步。

**13** 遊戲。

**14** 任人宰割。

**15** 做夢吧！

**16** 早開過了。

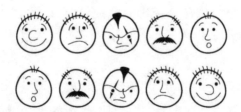

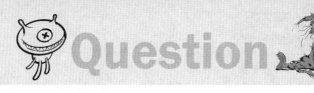

**17** 牧師無論如何都不能主持的儀式是什麼？

**18** 家家說他能輕而易舉跨過一棵大樹，他是怎麼跨過的呢？

**19** 什麼事每人每天都必須認真地做？

**20** 有兩輛汽車同時從A地出發，向B地駛去。第一輛車嚴格遵守交通規則，按規定車速行駛，而第二輛車卻被交警處以超速罰款。奇怪的是，第二輛車從未超越第一輛車，也沒有走另一條路。這是什麼緣故？

**21** 小明在一場激烈槍戰後，身中數彈，血流如注，然而他仍能精神百倍地回家吃飯，為什麼？

**22** 李大叔在馬車上套了一匹馬趕路，走了幾公里路嫌太慢，又套了一匹馬。可是套上這匹馬以後，兩匹馬卻怎麼也拉不動這輛馬車，為什麼？

**23** 經理不會做飯，可是有一道菜特別拿手，是什麼？

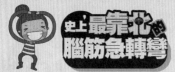
**17** 自己的葬禮。

**18** 一棵伐倒的樹。

**19** 睡覺。

**20** 由於第二輛車中途出了故障，故障排除後，為了追趕第一輛車而拚命加速行駛，所以被交警處以超速罰款。

**21** 他在拍戲。

**22** 李大叔在相反方向又套了一匹馬，兩馬力量相抵消。

**23** 炒魷魚。

輕鬆小品 五年的時間

　　法官對被告說：「你怎麼能證明你是無罪的呢？」
「當然，這得讓我好好想一想。」
「好吧，那給你五年的時間，足夠了吧！」

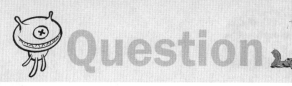

**24** 他從早上吃到下午，怎麼撐不死？

**25** 積木倒了要重搭，房子倒了要怎樣？

**26** 一個人走進他的花園時，總是把什麼先放在裡邊？

**27** 有什麼辦法在最短的時間內打開魔術方塊？

**28** 一個很古老的題目：把大象裝進冰箱要幾步？

**29** 那把大象拿出冰箱要幾步？

**30** 某人有喝一打高粱的酒量，但今晚他只喝了半瓶啤酒就醉了，為什麼？

**31** 警察看見有人搶銀行卻不抓。為什麼？

**32** 大華坐公車為什麼不用付錢？

**33** 小張被關在一間沒有上鎖的房裡，可是他使出吃奶的力氣也不能把門拉開，這是為什麼？

心思巧妙的處事類 **3**

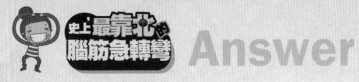
**24** 他一直在吃虧。

**25** 要逃命。

**26** 腳。

**27** 打碎魔術方塊。

**28** 三步，先打開冰箱，再把大象放進去，最後把冰箱門關上。

**29** 六步，因為要先把大象放進去。

**30** 他不久前才剛喝了一打高粱酒。

**31** 因為搶銀行的人是在拍電影。

**32** 因為公車還停在站上。

**33** 推開就可以了。

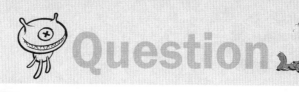

**34** 某人用麵條上吊，結果真的死了。為什麼？

**35** 有一個人頭戴安全帽，上面綁著一把扇子，左手拿著電風扇，右手拿著水壺，腳穿溜冰鞋，請問他要去哪裡？

**36** 馬克在機場辦出境手續時，才想起忘了拿護照，他怎樣才能在最短的時間裡拿到護照呢？

**37** 美國總統是怎麼進白宮的？

**38** 百貨公司遭小偷，警察立刻封鎖住所有出口，但是小偷仍逃了出去，為什麼？

**39** 美國人登上月球後說的第一句話是什麼？

**40** 請你解釋一下「以牙還牙」是什麼意思？

**41** 為什麼停電了還能看電視？

**42** 小明的肚子快要漲破了，他為什麼還要不停地喝水？

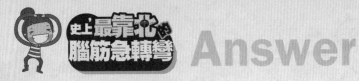
34　他是掉下來摔死的。

35　精神病院。

36　打開皮包就可以拿到了。

37　從大門進去的。

38　小偷可以從入口逃走。

39　美國話呀。

40　就是拔牙和鑲牙。

41　看不了電視節目但可以看著電視機。

42　因為小明掉進河裡了，他不會游泳。

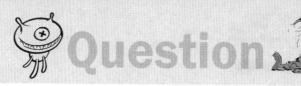

**3**

**43** 小強在大雨的曠野中奔跑了十分鐘，頭髮卻沒有濕，為什麼？

**44** 兩個小朋友都買了一樣的鞋，為什麼他們穿的鞋還是不一樣？

**45** 一張撲克牌背面向上放在桌上，你能不能想出一個好辦法來知道撲克牌的花樣？

**46** 做什麼事，一隻眼睛開一隻眼閉著會比較好？

**47** 怎麼用兩個硬幣遮住一面鏡子？

**48** 一個司機飛快地從山上衝下來，卻沒有撞傷人，為什麼？

**49** 為什麼他的家在西方，而他卻朝東走？

**50** 人們什麼時候被騙得高興？

**51** 瞎子為何夜路點燈？

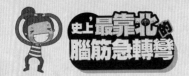 

43 因為小強打著傘。

44 買的新鞋還沒穿。

45 把牌翻開看一下。

46 射擊。

47 把兩隻眼睛遮住。

48 司機並沒有開車。

49 他的公司在東邊，他去上班。

50 祝你長生不老呀。

51 為了使別人不撞到自己。

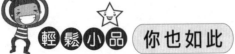 你也如此

　　裁判官：「你常常到法院裡來，不覺得難為情嗎？」
　　罪犯：「你不也一樣天天在這裡啊！」

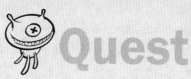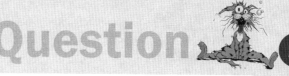
**52** 老劉一個人睡覺,醒來為什麼屁股上竟出現深深的牙印?

**53** 有名偷車賊,在某天四下無人時看到一輛凱迪拉克,他卻不動手,為什麼?

**54** 為什麼人們要到市場上去?

**55** 失戀的黃先生在一個月黑風高的晚上走上街頭,迎面駛來飛車,他站在兩個車燈中間,車呼嘯而過,人竟毫髮無損,為什麼?

**56** 小剛從5000公尺高的飛機上跳傘,過了兩個小時才落到地面,為什麼?

**57** 去教堂向神父懺悔之前,都事先做了些什麼事?

**58** 什麼時候做的事別人看不到?

**59** 你每天寫作業時先做什麼?

**60** 為什麼阿郎穿著全新沒破洞的雨衣,卻依然弄得全身濕透?

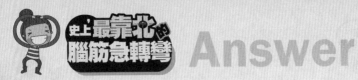 

**52** 睡在自己的假牙上了。

**53** 車是他的。

**54** 因為市場不可能來。

**55** 迎面而來的是兩輛並排而行的摩托車。

**56** 他掛在了樹上。

**57** 犯罪。

**58** 夢裡做事。

**59** 打開作業本。

**60** 因為他在太陽底下穿著雨衣走路。

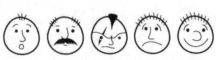

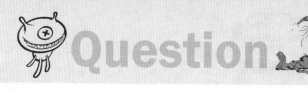

**61** 兩人從未見面卻能談成幾筆生意，可能嗎？

**62** 小陳有一天不小心撞到電線桿，為什麼連手也會痛？

**63** 三個人要過公路，當時沒有任何車輛通過，但走到一邊人行道上的只有兩個人，請問另一個人到哪裡去了呢？

**64** 薩維在電影院看電影時，為什麼每次看的都是不連貫的電影？

**65** 如何最快地將不可能的事變成可能的事？

**66** 有個男人站在時速240公里的列車頂上，雖然他不是一個會飛牆走壁的超人，但是，他仍然顯得從容自如，毫不緊張，為什麼？

**67** 紙上寫著某一份命令。但是，看懂此文字的人，卻絕對不能宣讀命令。那麼，紙上寫的是什麼呢？

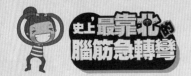

**61** 可能，通過電話、網路等工具。

**62** 因為小陳狠狠地搮了電線桿一拳。

**63** 還在公路的另一邊。

**64** 每次都是看一會兒睡一會兒。

**65** 將「不」字去掉。

**66** 因為當時火車還沒開動。

**67** 不要念出此文。

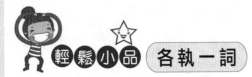

輕鬆小品 各執一詞

　　有一輛汽車撞倒了一個行人。司機說：「這不是我的過錯，我開車一向很小心，我已經開了五年車了。」

　　「什麼？這樣說是我的過錯了？再說你開了五年車有什麼稀罕？要知道，我已經走了五十五年的路了。」

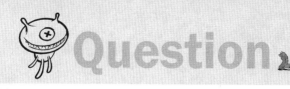

**68** 小趙買了一張彩券，中了第一特獎，為什麼去領獎人家卻不給？

**69** 小虎的機車既沒有鎖，也沒有違規，但是仍然被鎖上了，為什麼？

**70** 銳銳能輕而易舉地把一隻倒懸的杯子裝滿水，而且不用任何東西擋住瓶口，他是怎樣做的呢？

**71** 「東張西望」、「左顧右盼」、「瞻前顧後」，這幾個成語用在什麼時候最合適？

**72** 小明讀小學二年級，他的家住在12樓，他每次去學校都是乘電梯下去的，但放學後，乘電梯只能乘到11樓。為什麼？

**73** 小明從來沒去過美國，他想去美國，至少應花多少錢？

**74** 怎樣用一塊錢換一百塊錢？

**75** 一根木頭重5噸，從上游到下游，需用載重為多少的船？

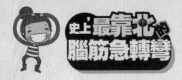
**68** 沒到領獎的日期。

**69** 不知道哪個迷糊蛋鎖錯了。

**70** 將杯子倒扣在裝滿水的盆子裡。

**71** 過馬路的時候。

**72** 小明不夠高，按不到「12」這個按鈕。

**73** 光想是不用花錢的。

**74** 打電話向家裡要錢。

**75** 不需要用船，只要把木頭放在水裡就可以從上游
運到下游了。

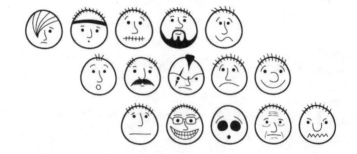

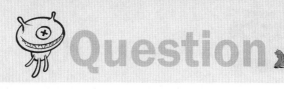

**76** 什麼叫做「緩兵之計」？

**77** 一位司機上了他駕駛的汽車後，做的第一個動作是什麼？

**78** 一個聾啞人到五金商店買釘子，他把左手的食、中兩指伸開做成夾著釘子的樣子，然後伸出右手作錘子狀，服務員給他拿出錘子，他搖了搖頭，給他拿來釘子，他滿意地買了。接著來了一個盲人，請問，他怎樣才能買到剪刀？

**79** 陳老太太得的並不是絕症，為什麼醫生卻說她無藥可救？

**80** 法國人的笑聲跟我們有什麼不同？

**81** 債權和債務的最大區別是什麼？

**82** 志剛開著計程車出門，為什麼一路上沒人叫車？

**83** 小張說的相聲大家都喜歡聽，為什麼他有的時候說話卻要付錢？

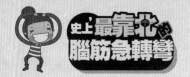
76 改天再告訴你。

77 第一個動作是坐下。

78 盲人是會說話的呀。

79 她沒錢買藥。

80 他們是用法語笑的。

81 一個容易記住，一個最不容易記住。

82 他走的是高速公路。

83 打公用電話肯定要付錢。

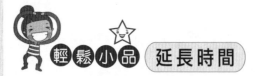
輕鬆小品　延長時間

　　經過仔細的檢查，醫生告訴病人，他只能再活六個月；病人聽後對醫生說：「這麼短的時間，分期付給您的醫療費，怎麼能還完呢？」

　　「好吧！」醫生回答：「那再延長六個月的時間，你帳總能夠清了吧！」

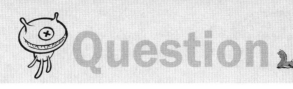

**84** 小華說他能在1秒鐘之內把房間和房間裡的玩具都變沒了，這可能嗎？

**85** 為什麼羅丹雕塑的作品《沉思者》沒有穿衣服？

**86** 為什麼現代人越來越言而無信？

**87** 菸鬼甲每天抽50支菸，菸鬼乙每天抽30支菸。5年後，菸鬼乙抽的菸比菸鬼甲抽的還多，為什麼？

**88** 有兩個人到海邊去玩，突然有一個人被一陣浪捲走了，被捲走的人叫小明，剩下的那個人叫什麼？

**89** 一個並非神槍手的人手持獵槍，另一個人將一頂帽子掛起來，然後將持槍人的眼睛矇上，讓他向後走10步，再向左轉走10步，最後讓他轉身對帽子射擊，結果他一槍打中了帽子，這是怎麼一回事？

**90** 很多人都喜歡上網，很多人努力地上進，每個人都要上廁所，但是所有人都怕上的是什麼？

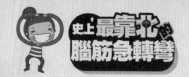
**84** 把眼睛閉上。

**85** 他正在想穿哪件衣服好看。

**86** 因為打電話的多了，寫信的少了。

**87** 菸鬼甲因為菸抽得太多，先死了。

**88** 叫救命……

**89** 另一個人把帽子掛在他槍口上。

**90** 上當。

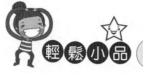
輕鬆小品　近視的新娘

　　母親陪同剛度蜜月回來，有深度近視的女兒到眼科掛急診。

　　醫生笑這位母親太緊張了。因為對於一位正在蜜月中的女性，再怎麼急診也輪不到眼科呀！

　　這位母親氣急敗壞地說：「誰說不需要眼科急診，跟她回來的那個男人，根本不是先前跟她去度蜜月的那個。」

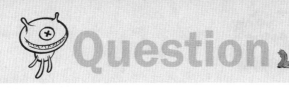

**91** 中學老師遇到什麼事最頭痛？

**92** A君與B君的家均位於新興的住宅地，相距只有一百公尺。此地除這兩家之外，還沒有其他鄰居，而且也沒有安裝電話。現在A君想邀請B君來家裡玩，在不去B君家邀約的情況下，以何種方法能最早通知B君？假設A君身邊裝著十張畫圖紙、奇異筆、膠帶與放大鏡。

**93** 小胖在從圖書館回家的計程車上睡著了。他一覺醒來，突然發現前座的司機先生不見了，而車子卻仍然在往前進，為什麼？

**94** 某富翁的左右鄰居都養狗，一到晚上，這兩條狗就吠叫不停。無法忍受這種折磨的富翁便出搬家費一百萬元，希望左右鄰居搬走。的確，兩個鄰居是連狗一起搬家了，但是一到夜晚，富翁還是可以聽到完全相同的狗吠聲。這是為什麼？

**95** 一條河的平均深度是100公分，一個小孩身高140公分，他雖然不會游泳，但肯定不會在這條河裡淹死。你說對嗎？為什麼？

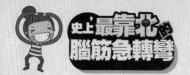 

91 感冒。

92 他只要大聲喊叫就可以了。

93 車子拋錨了，司機正在後面推車。

94 兩鄰居互相交換了房屋。

95 不對，因為是100公分平均深度，很可能有的地方深於兩米。

 找錢包

丈夫有一個裝著很多現金的皮夾子不見了，他正在搜查自己的衣袋。妻子在一旁問：

「你褲子口袋找過了嗎？」

「找了，沒有。」

「西裝上衣的幾個口袋呢？」

「也找了，沒有。」

「貼身的內衣口袋呢？」

「不敢找。」

「為什麼？」

「如果那裡要是再沒有，我的心臟病一定會發作。」

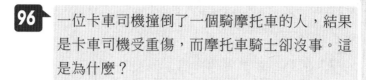

**3**

**96** 一位卡車司機撞倒了一個騎摩托車的人，結果是卡車司機受重傷，而摩托車騎士卻沒事。這是為什麼？

**97** 住在山谷中的志明突然想吃泡麵，便架起小鍋來燒水。水快開了才發現家裡的泡麵已吃完了，他急急忙忙到山腳下的雜貨店去買。30分鐘後回到家，發現鍋裡的熱水全都不見了。這究竟是為什麼？

**98** 人類為什麼要改為直立行走？

**99** 艷陽高照，為什麼只有小可全身濕淋淋的？

**100** 有一個人想要過河，但水很急，這裡有一把梯子和木頭，但梯子還差10公尺，木頭只有5公尺，請問他要怎樣才能過河？

**101** 有兩隻燕子停在一根小樹枝上面，而你想拿到那根小樹枝，在不驚動燕子的情況下你怎麼樣才能拿到小樹枝呢？

**102** 爬高山與吞藥片有什麼不同之處？

**96** 卡車司機步行。

**97** 因為熱水都變成冷水了。

**98** 為了省一雙鞋子。

**99** 因為他正在游泳呀。

**100** 走橋。

**101** 等燕子飛走後再拿。

**102** 一個太難上，一個太難下。

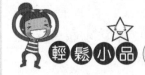 孩子的邏輯

老師：我們學校從下學期起，改用全美語授課。

甲同學：我們會聽不懂的。

老師：不要擔心聽不懂，學語言就是要多聽，你們每天聽我說美語，時間久了自然就會明白。

乙同學：可是我每天聽家裡的小狗叫，也不知道牠在說什麼呀？

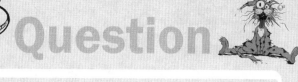

**103** 下雨天時，兩個人共撐一把傘，結果兩個人都被淋濕；三個人共撐一把傘時，為什麼沒有人再被淋濕？

**104** 為什麼吃完晚餐後，全家都喜歡坐在電視機前看電視？

**105** 你能把一張嶄新的一百元立在桌子上嗎？

**106** 小劉是個技術很好的電工師傅，可是他今天修好的燈卻不亮，為什麼？

**107** 下雨都怕淋，可是有的雨大家都喜歡淋，為什麼？

**108** 用什麼方法立刻可以找到遺失的圖釘？

**109** 盲人都是怎麼吃橘子的？

**110** 當你向別人誇耀你的長處的同時，別人還會知道你的什麼？

**111** 如何才能把你的左手完全放在你穿在身上的右褲袋裡，而同時把你的右手完全放在你穿在身上的左褲袋裡？

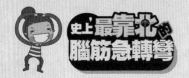

| 103 | 因為雨停了。 |
| --- | --- |
| 104 | 因為站久了腳會酸。 |
| 105 | 把錢折一下。 |
| 106 | 今天停電。 |
| 107 | 淋浴。 |
| 108 | 光著腳走。 |
| 109 | 瞎掰。 |
| 110 | 你不是個啞巴。 |
| 111 | 反穿褲子。 |

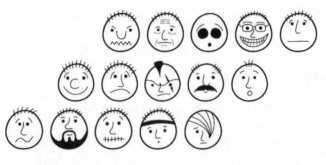

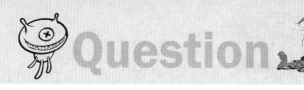
**112** 在一個寒冷冬日的清晨，有一位西裝革履的先生在河裡拚命游水，你說這是為什麼？

**113** 有輛載滿貨物的貨車，一人在前面推，一人在後面拉，貨車還可能向前進嗎？

**114** 蘭蘭經過某市時，正巧那裡發生了大地震，為什麼蘭蘭卻安然無恙呢？

**115** 小明正在吹電扇，為什麼還是滿頭大汗？

**116** 一年前的元月一日，所有的人都在做著一件非常重要的事，你記得是什麼事嗎？

**117** 某動物園貼出了新告示，告示上並沒有提到罰款，但是遊客們卻不敢向虎山扔東西了。你知道告示上寫些什麼嗎？

**118** 如何讓一塊錢浮在水面上？

**119** 一家珠寶店的老闆雇了一位保鏢負責押送一箱珠寶，不幸中途遭人打劫。在整個被劫過程中，保鏢始終死守著珠寶，儘管保鏢沒自盜自劫，可是珠寶店老闆還是損失了這箱珠寶，為什麼？

112 他不小心掉進河裡了。

113 可能，此貨車在下坡時。

114 她坐飛機經過。

115 他在吹電扇，電扇沒吹他。

116 都在呼吸。

117 凡是向虎山扔東西者，必須自己撿回。

118 用美鈔就行了。

119 保鏢與珠寶箱被一起劫走。

輕鬆小品 天意

　　病人堅決地反對做手術。

　　他說：「既然上帝把盲腸放在這裡，那一定是有祂的道理的。」

　　「當然，」醫生回答道：「上帝給你盲腸，就是為了讓我能夠把它拿出來呀！」

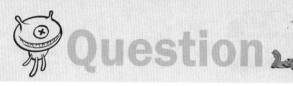

**120** 被鱷魚咬和被鯊魚咬後的感覺有什麼不同？

**121** 小孩子睡覺前為什麼要媽媽說故事？

**122** 警方發現一樁智能型的謀殺案，現場沒有留下任何線索，也沒有目擊者，但警方在一小時後宣佈破案，為什麼？

**123** 在什麼情況下，大多數人會躺在戶外的地上？

**124** 外國作家最喜愛的寫作方式是什麼？

**125** 人行走的時候，左右腳有什麼不同？

**126** 老太太沒牙怎樣喝稀粥？

**127** 在什麼情況下，你的手和嘴巴會動個不停？

**128** 人能活到什麼時候？

**129** 怎樣才能使人有心跳的感覺？

**130** 糖罐子為什麼會爬螞蟻？

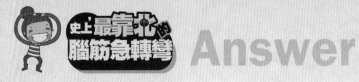

120 沒有人知道。

121 催眠。

122 兇手自首了。

123 在沙灘上曬太陽時。

124 從左向右寫。

125 一前一後。

126 喝稀粥不用牙。

127 不會游泳，跳入水中。

128 當然活到死的時候。

129 活著。

130 沒有蓋好。

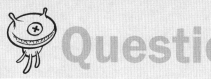

**131** 小凱開著車子，卻始終不到目的地，為什麼？

**132** 在不能用手的情況下，怎樣才能把桌上的一碗麵吃完？

**133** 小明的爸爸是警察，他眼看著兒子偷了一樣東西，卻沒有多加管教，這是怎麼回事？

**134** 甲跟乙打賭：「我可以咬到自己的右眼。」乙不信，甲把假的右眼拿下來放在嘴裡咬了一下。甲又說：「我還可以咬到自己的左眼。」乙仍然不信，結
果，甲又贏了，他是怎麼做到的？

**135** 有一天，一位植物專家、一位原子彈專家、一位動物專家同在一個熱氣球上。此時，熱氣球直線下降，必須扔掉一位科學家，請問扔哪一位？

**136** 某歌星每次上台演出，總是戴著一隻手套，這是為什麼？

**137** 一間牢房中關了兩名犯人，其中一個因偷竊，要關一年，另一個是強盜殺人犯，卻只關兩個月，為什麼？

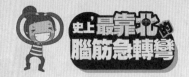
131 車子倒著走。

132 用筷子。

133 兒子在偷笑呀。

134 他把假牙拿下來咬左眼。

135 扔體重最重的那一位。

136 他總想露一手。

137 強盜殺人犯兩個月後就要被執行死刑。

輕鬆小品 我是有錢人

　　有一個有錢人去國外旅遊，住在一個大飯店裡。但是，他發現那裡的人好像都沒發現他是一個有錢人。於是，用早餐的時候，他故意大聲喊道：「服務生，請來一份五百元的早餐。」服務生過來後說：「先生，我們這裡不賣半份的早餐。」

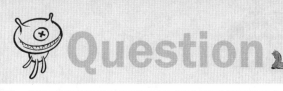

**138** 有個汽車司機，在交叉路口上突然撞進人群中，全速向前跑，警察也不責怪他。你說這是為什麼？

**139** 小胖為什麼吃兩個便當？

**140** 哈默為什麼會丟錢？

**141** 一個人沒有前輩，為什麼他有後輩？

**142** 為什麼阿發悄悄對皮特說他褲子的拉鍊忘了拉，皮特卻不以為意？

**143** 怎樣才能防止第二次感冒？

**144** 為什麼說當作曲家不需要多大的智慧？

**145** 一輛客車發生了事故，所有的人都受傷了，為什麼小明卻沒事？

**146** 為什麼小明能一隻手讓車子停下來？

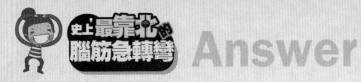 

138  汽車司機今天沒開車。

139  因為三個便當他吃不下。

140  他帶了錢。

141  人當然有後背。

142  因為阿發説的是自己。

143  根本不要感冒。

144  因為他只需要認識7個字就行了。

145  因為他不在車上。

146  車子是計程車。

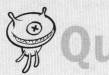
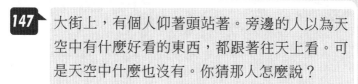

**147** 大街上，有個人仰著頭站著。旁邊的人以為天空中有什麼好看的東西，都跟著往天上看。可是天空中什麼也沒有。你猜那人怎麼說？

**148** 每個人睡覺前，一定不會忘記的事是什麼？

**149** 不暈車的最好辦法是什麼？

**150** 老王擦桌子，擦了半天，仍覺得髒，為什麼？

**151** 「先天」是父母所遺傳的體質，那「後天」是什麼？

**152** 進浴室洗澡時，要先脫衣服還是褲子？

**153** 牛頓在蘋果樹下被蘋果擊中，發現了地心引力；如果你坐在椰子樹下，等待被椰子打中，你會發現什麼？

**154** 年年有餘，為什麼錢還是存不起來？

**155** 小文不小心把1元硬幣吞下去了，該怎麼辦？

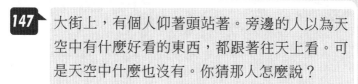

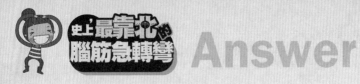

147 「我的鼻血總算止住了！」那人說。

148 閉上眼睛。

149 步行。

150 因為老王的老花眼鏡鏡片是髒的。

151 後天是明天的明天。

152 先關門比較好。

153 會發現這種行為很愚蠢。

154 因為年年都被炒魷魚。

155 再去要一個。

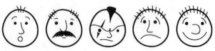

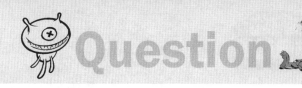

**156** 一個人無法做，一群人做沒意思，兩個人做剛剛好。請問是指什麼事？

**157** 天氣愈來愈冷，為什麼小華不多加一件衣服，反而要脫衣服？

**158** 在飯桌上，皮皮和特特說著說著，竟然動起拳頭來了，為什麼偵探鮑斯不但不阻止，反而在旁邊大喊加油？

**159** 中國人講什麼話？

**160** 有個人餓得要死，冰箱裡有雞肉、魚肉、豬肉等罐頭，他先打開什麼？

**161** 如果你有一隻下金蛋的母雞，你該怎麼辦？

**162** 口吃的人做什麼事最虧？

**163** 開什麼車最省油？

**164** 小李說「我前面的人是小王」，小王說「我前面的人是小李」。這是怎麼回事？

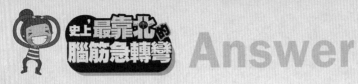 

**156** 説悄悄話。

**157** 因為他準備要洗澡了。

**158** 皮皮和特特是在划拳。

**159** 中國話。

**160** 先開冰箱門。

**161** 不要做夢了！

**162** 打長途電話。

**163** 腳踏車。

**164** 很簡單，他們面對面地站著。

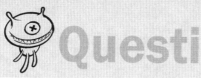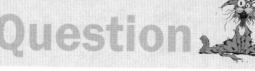
**165** 什麼東西請人吃沒有人吃，自己吃又嚥不下？

**166** 王先生在打太極拳時金雞獨立，站多久看上去都那麼輕鬆，為什麼？

**167** 一隻瓶子裡裝滿了水，如果要使水從瓶中能最快地倒出來，最好採取哪種辦法？

**168** 火柴盒內只剩一根火柴棒。A先生想點亮煤油燈，使煤爐起火，並燒熱水的話，應該先點燃何物較佳？

**169** 換心手術失敗，醫生問快要斷氣的病人有什麼遺言要交代，你猜他會說什麼？

**170** 有兩個人，一個面朝南、一個面朝北地站立著，不准回頭，不准走動，不准照鏡子，問他們能否看到對方的臉？

**171** 有什麼辦法能使眉毛長在眼的下面？

**172** 老李剛理完髮，便要求理髮師將他的頭髮「中分」，理髮師卻說做不到，為什麼？

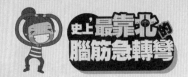
165 虧。

166 因為他在照片裡。

167 將瓶子打碎。

168 應先點燃火柴棒。若沒將火柴棒點燃，其他的部分就不能發揮作用了。

169 其實你不懂我的心。

170 當然能，他們是面對面站著的。

171 倒立。

172 理髮師給老李剃了光頭。

輕鬆小品 **瘦了兩公斤**

「親愛的，你看，我又瘦了兩公斤。」

「是嗎？」丈夫說，「妳才剛剛起床，要知道，妳還沒有梳妝呢！」

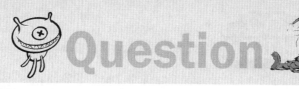

**173** 路邊電線桿上蹲著一隻猴子，司機小李看到就立刻停下車來，請問為什麼？

**174** 老張是一位出色的小說家，為什麼有一次他連續寫了一個月，連一篇小說的題目都沒寫出來？

**175** 南來北往的兩個人，一個挑擔，一個背包，他們沒爭也沒吵，也沒有人讓路，卻順利地通過了獨木橋，為什麼？

**176** 打什麼東西既不花力氣，又很舒服？

**177** 一個人從五十公尺高的大廈上跳樓自殺，重重地摔在了地上，為什麼沒被摔死？

**178** 樹上有1000隻鳥，用什麼方法一下就能全部抓住？

**179** 釘子上掛著一個繫在繩子上的玻璃杯，你能既剪斷繩子又不使杯子落地嗎？

**180** 如果明天就是世界末日，為什麼今天就有人想自殺？

**173** 他把猴屁股當紅燈了。

**174** 他這次寫的是散文。

**175** 南來北往是同一個方向,當然不用讓路了。

**176** 打瞌睡。

**177** 他在半空就已經嚇死了。

**178** 用照相機。

**179** 先在繩子上打個結,在結環裡剪斷繩子。

**180** 去天堂佔位置。

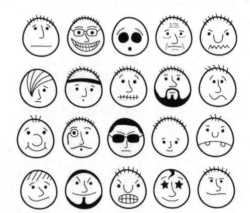

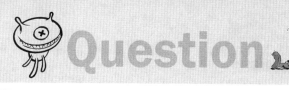

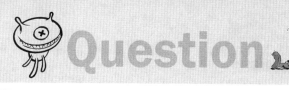**Question** 3

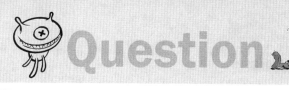心思巧妙的處事類

**181** 小王走路從來腳不沾地，這是為什麼？

**182** 什麼地方開口說話要付錢？

**183** 同事們在小張家喝酒、聊天，酒過三巡後，為什麼大家都知道小張喝醉了？

**184** 有一位老太太上了公車，為什麼沒人讓座？

**185** 小王一邊刷牙，一邊悠閒地吹著口哨，他是怎麼做到的？

**186** 用椰子和西瓜打頭，哪一個比較痛？

**187** 人們甘心情願買的假東西是什麼？

**188** 小劉是個很普通的人，為什麼竟然能一連十幾個小時不眨眼？

**189** 今年聖誕夜，聖誕老人第一件放進襪子的是什麼東西？

**190** 鑽進錢眼裡的人最終會怎樣？

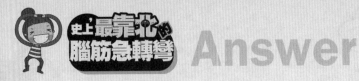
181 因為穿著鞋子。

182 打電話。

183 因為小張正在穿鞋子，準備回家。

184 車上有空位。

185 小王在刷假牙。

186 頭比較痛。

187 假髮，假牙。

188 睡覺中。

189 自己的腳。

190 最終會死。

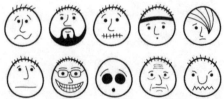

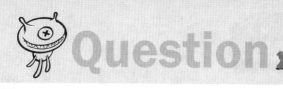

**191** 什麼時候我們會甘心熄滅自己的生命之火？

**192** 一間屋子裡到處都在漏雨，可是誰也沒被淋濕，為什麼？

**193** 一輛計程車在公路上正常行駛，並且沒有違反任何交通規則卻被一個警察給攔住了，請問為什麼？

**194** 後腦勺受傷的人怎樣睡覺？

**195** 現代人為什麼越來越喜歡挖耳朵？

**196** 友情和愛情怎樣區分？

**197** 十萬個為什麼是什麼？

**198** 小明看到自家門口的那棵大楊樹上有很多小鳥，他想把牠們全部抓住，又不想傷害牠們，你說他該怎麼辦呢？

**199** 某個動物園中，有一隻獅子趁管理員意識疏忽，忘記把籠子上鎖的機會逃出來，在公園內竄來竄去，人們一邊避險一邊找管理員，而管理員卻躲到一個更安全的地方。此地為何處？

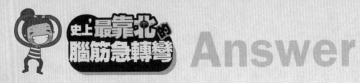

191　切生日蛋糕之前。

192　這間屋子裡沒有人。

193　警察搭車。

194　閉著眼睛睡覺。

195　愛講髒話的人越來越多了。

196　友情出現在白天，愛情出現在晚上。

197　想問什麼就問什麼。

198　還是要用照相機。

199　關獅子的籠子裡。

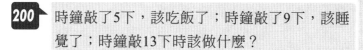
**200** 時鐘敲了5下，該吃飯了；時鐘敲了9下，該睡覺了；時鐘敲13下時該做什麼？

**201** 有一對夫妻，丈夫57歲、妻子55歲。自結婚以來，他們每天必定吵架一次，可是上個月他們卻只吵了26次。這有可能嗎？

**202** 一個酒鬼看到一本書上寫著喝酒對身體有害處，於是他做出了一個決定，你知道醉鬼的這個決定是什麼嗎？

**203** 有一對外表一模一樣的孿生兄弟，如果硬要說他倆有何差異的話，那就是哥哥屁股上有顆痣，而弟弟沒有。但是，就算這對兄弟穿上完全一樣的衣服，把屁股上的差異遮掩起來，還是有人可以清楚地區別出這對兄弟是誰。究竟是哪個人有這種能耐呢？

**204** 在河的一岸有一隻蠶，在河的對岸有一片桑樹林。這條河水面寬1公里，卻沒有一座橋，請問蠶如何才能到河對岸？

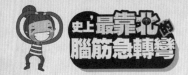

|200| 修理鐘錶。

|201| 有可能。因為這對夫妻上個月剛剛結婚的。

|202| 以後不再看書。

|203| 當然是兩兄弟本人。

|204| 變成蛾飛過去。

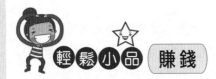

輕鬆小品 賺錢

　　小女兒：「爸爸，我會幫您賺錢了！」

　　爸爸：「乖女兒，等妳長大了以後再賺錢。」

　　小女兒：「不，我現在就會幫你賺錢了。您看，我已經賺錢回來了。」

　　爸爸：「咦，五塊錢，哪來的？」

　　小女兒：「是我賣酒瓶賺來的。」

　　爸爸：「酒呢？」

　　小女兒：「倒到馬桶裡去了。」

　　爸爸：啊！……

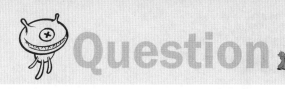

**205** 在拳擊賽上，一選手眼看就要勝利了，卻冷不防被對手一拳擊中，導致口角流血，牙齒掉了兩顆，在一片歎息聲中，有誰從心底感到高興呢？

**206** 龜兔賽跑兔子輸了之後很掃興，牠絞盡腦汁想到了一個比賽專案，肯定能贏烏龜，你知道牠們比什麼嗎？

**207** 有句話說打狗要看主人，那打虎得看什麼？

**208** 有一隻瞎了左眼的山羊，左邊放了一隻雞腿，右邊放著一隻羊腿，問：山羊會先吃什麼？

**209** 房間裡有油燈、暖爐和壁爐，冷得發抖的心心只有一根火柴，她該先點燃什麼呢？

**210** 女兒對爸爸說：「我可以坐在一個你永遠也坐不到的地方！」你知道女兒坐在哪裡嗎？

**211** 一列火車由北京到上海需要6小時，行駛3小時後，火車該在什麼地方？

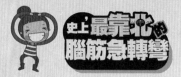
205 牙科醫生。

206 仰臥起坐。

207 看你有沒有膽量。

208 什麼都不選，羊只會吃草。

209 火柴。

210 爸爸的身上。

211 在車軌上。

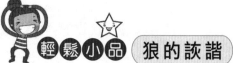

## 輕鬆小品 狼的詼諧

　　藥商介夫是個奸商，人們老是挖苦他，說他吃人肉喝人血。

　　有一天他談完生意回家，途經一條幽暗的山路，忽然從林子裡跳出一頭大野狼，向他直撲過來，要咬他的喉頭。

　　「別吃我，我的肉不好吃！」

　　狼說：「肉不好吃？人們說你老是吃人肉喝人血，應該很美味！」

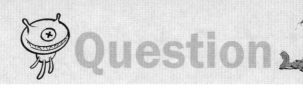

**212** 小芬被蚊子咬了兩個包,比較大的那個包是公蚊子咬的,還是母蚊子咬的?

**213** 瑞凡向夥伴們吹噓說:「昨天上操的時候,老師提了一個問題,全班除了我沒有一個能答對。」你猜老師問的是什麼問題?

**214** 吉普車的哪個車輪最乾淨?

**215** 飛機在天上飛,突然沒油了,什麼東西先掉下來?

**216** 老師問豆豆:「你知道上課睡覺有什麼不好嗎?」豆豆說了一句什麼話,讓老師哭笑不得?

**217** 早晨醒來,每個人都會做的第一件事是什麼?

**218** 美美和麗麗都喜歡打羽毛球,但由於她們都不喜歡對方,所以堅決不肯一起比賽,你有辦法知道她們誰的實力更強嗎?

**219** 演員最愛弄什麼?

**220** 在什麼地方保證能找到「幸福」?

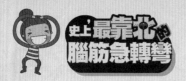

Answer

212 母蚊子，因為公蚊子不咬人。

213 老師問：「瑞凡，你為什麼又遲到了？」

214 備胎。

215 油量錶指針。

216 不如床上舒服。

217 睜眼。

218 讓她們分別與其他人比賽，經由第三者來決定勝負。

219 弄虛作假。

220 在字典裡。

174

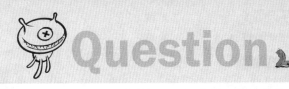

**221** 晚上，茜茜媽媽要進浴室給茜茜放水洗澡，浴池有兩個水龍頭，一個放熱水，另一個放冷水，你猜她會先開什麼？

**222** 在一次宇宙旅行中，太空人來到了一個奇怪的星球，上面只有一種氣體——氫氣。由於光線太暗，太空人想點燃打火機照明，可有人阻止他。如果他點燃打火機後，是帶來光明還是引起爆炸？

**223** 假如你的三個同學來到你家，你要把桌上的一個蘋果藏起來讓他們找，你會把蘋果藏在哪裡，使他們找不到呢？

**224** 一個聾啞人到五金商店買釘子，他把左手的食指和中指分開做成夾著釘子的樣子，然後伸出右手作錘子狀。服務員給他拿出錘子，他搖了搖頭，給他拿來釘子，他滿意地買了。接著來了一個盲人，請問，他怎樣才能買到剪刀？

**225** 王阿姨有2個兒子。一天，他買了半個西瓜，一路在想怎樣平均分西瓜，總也想不出好辦法來。在門口，鄰居劉大媽只說了3個字，王阿姨就愁眉舒展了。你知道劉大媽對王阿姨說了什麼嗎？

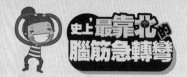
221 先開燈。

222 既不會帶來光明，也不會引起爆炸。
因為沒有氧氣。

223 吃掉藏在肚子裡。

224 盲人會說話，直接告訴服務員。

225 榨成汁。

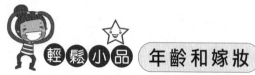

輕鬆小品 年齡和嫁妝

　　「我有三個女兒，希望順順利利的把她們嫁出去。」老先生誠懇地對一位陌生的年輕人說：「我已經賺了不少錢，因此她到丈夫家不會不帶嫁妝的。比方說，阿特麗絲，她二十五歲，是個好女孩，等她出嫁時，我要給她一千美元；下一個是列尼絲，她快三十五了，我準備給三千美元；烏瑪四十歲了，誰要是娶她，我給他五千美元。」

　　年輕人想了想後問老先生：「您有沒有年近五十的女兒？」

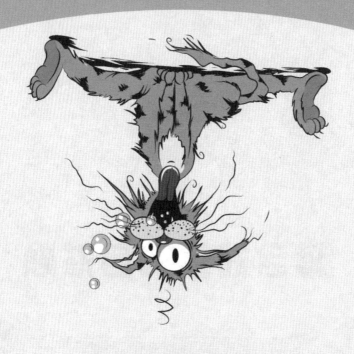

# BRAIN

# TEASERS ORZ

# Part

## 4

# 蘊含知識的自然類

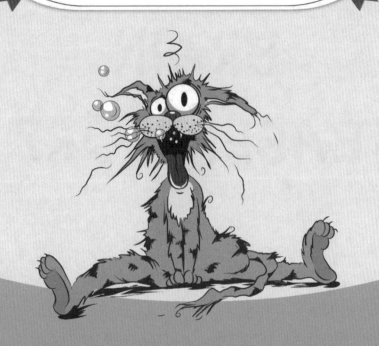

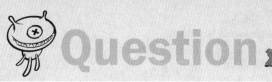

**4**

蘊含知識的自然類

**01** 什麼東西晚上才生出尾巴呢？

**02** 什麼東西沒有長度、寬度和深度，但還是可以測量？

**03** 什麼東西滿屋走，但碰不著？

**04** 整天圍著我們轉的東西是什麼東西？

**05** 有一種布很長很寬很好看，就是沒有人用它來做衣服、也不可能做成衣服，這是什麼布？

**06** 12個人有12個，12億人也只有12個，這是什麼？

**07** 什麼東西能逛遍世界？

**08** 有一個人被從幾千公尺的高空掉下來的東西砸在頭上，卻沒有受傷，為什麼？

**09** 為什麼飛機飛這麼高都不會撞到星星呢？

**10** 什麼貴重的東西最容易不翼而飛？

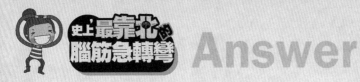

**01** 流星。

**02** 溫度。

**03** 聲音。

**04** 衛星。

**05** 瀑布。

**06** 十二生肖或十二星座。

**07** 風。

**08** 砸下來的是雪花。

**09** 因為星星會閃啊。

**10** 人造衛星。

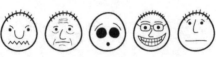

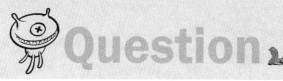

**11** 地球上什麼東西每天要走的距離最遠？

**12** 由於什麼原因死亡的人最多？

**13** 某探險隊向森林的最深處前進，但到達某地後，儘管道路仍然暢通無阻，不過，他們再繼續前進也不可能走向森林的最深處，怎麼回事呢？

**14** 你每天都能看見的最大的影子是什麼？

**15** 如果蘋果沒落在牛頓頭頂上，會落到哪裡？

**16** 一顆皮球和一顆鐵球從高樓上掉下，誰先落地？

**17** 在船上見得最多的是什麼？

**18** 月亮上去過外星人嗎？

**19** 什麼東西往上升永遠掉不下來？

**20** 為什麼太空船需密行？

**21** 一艘50萬噸油輪沉沒，最先浮出水面的是什麼？

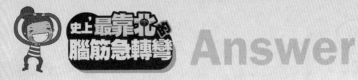 

11 地球。地球每天自轉一周為四萬公里。

12 搶救無效。

13 因為那裡已經是森林的中心了。

14 黑夜,地球的影子。

15 地上。

16 鐵球。

17 水。

18 地球的太空人登上過月球。

19 年齡。

20 天機不可洩漏。

21 空氣。

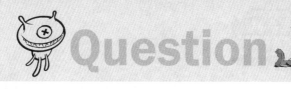

**22** 什麼東西越熱越愛出來？

**23** 什麼東西只能往前走，不能往後退？

**24** 誰知道天上有多少顆星星？

**25** 一個人左右手各拿著一個碗，同時摔下去，一個摔破了，一個沒摔破，為什麼？

**26** 火箭為什麼飛得那麼快？

**27** 夏天什麼東西最熱？

**28** 什麼樓我們不用費吹灰之力就可以讓它在眼前消失呢？

**29** 一個人一年中哪一天睡覺時間最長？

**30** 不借助任何工具，人怎麼樣才能在湖面上行走呢？

**31** 有一樣東西能托起50公斤的橡木，卻容不下50公斤的沙，你知道是什麼嗎？

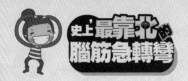 

**22** 汗。

**23** 時間。

**24** 天知道。

**25** 因為一個是瓷的，一個是鐵的。

**26** 屁股上著了火，當然跑得快了。

**27** 太陽。

**28** 海市蜃樓。

**29** 一年中的最後一天，因為它跨越到第二年。

**30** 等湖面結冰以後。

**31** 水。

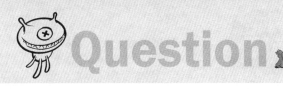

**32** 在平衡的蹺蹺板兩邊各放一個西瓜和冰塊，重量相等，如果就這樣放著，最後，蹺蹺板會向哪個方向傾斜？

**33** 什麼東西人們在不停地吃它，卻永遠吃不飽？

**34** 一個圓有幾個面？

**35** 當我們跑得越快時，卻越抓不住的是什麼呢？

**36** 小明說：「我有一瓶萬溶膠。什麼東西遇到它頃刻之間便會融化。」他的話有什麼破綻嗎？

**37** 馬亞買了新音響，電源開了錄音帶也放了，為什麼沒有聲音呢？

**38** 電單車時速80公里，向北行駛。有時速20公里的東風，請問電單車的煙，朝那個方向吹？

**39** 如何從一半是水、一半是油的缸中取水不取油？

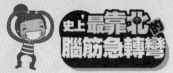
**32** 一樣水平。冰化了西瓜滾了。

**33** 空氣。

**34** 兩個面，一個外面和一個裡面。

**35** 我們的影子。

**36** 這種東西用什麼容器裝？

**37** 停電了。

**38** 電車是沒有煙的。

**39** 從缸底部打個洞取水，因為水的比重比油大。

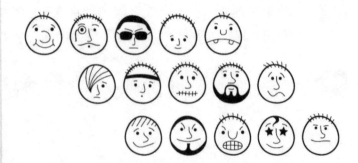

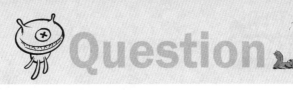

**40** 世界上有什麼東西以近2000公里/小時的速度載著人奔馳，而且不必加油或其他燃料？

**41** 有兩面與你一樣高的大鏡子平行豎放，如果你站在中間，就會有很多人像排成一列反映出來。那麼，將前後左右上下不留一點縫隙地用鏡子封成一個立體房間，並且，鏡面都朝內，當一個人進到裡面，會看到什麼？

**42** 什麼東西見者有份？

**43** 地球以外是什麼？

**44** 有一個東西，是青年人的嬰兒期，中年人的青年期，老年人的整個過去，它是什麼？

**45** 麗麗和小狗一起玩，突然，她看到小狗越來越小了。是什麼原因呢？

**46** 世界上的人身體哪一部分的顏色完全相同？

**47** 船邊掛著軟梯，離海面2公尺，海水每小時上漲半公尺，幾個小時海水能淹沒軟梯？

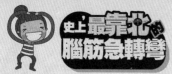
**40** 地球。

**41** 因為不留一點縫隙，光線透不進來，所以裡面黑
乎乎的什麼也看不到。

**42** 陽光。

**43** 宇宙。

**44** 昨天。

**45** 小狗離開小麗跑了，越跑越遠。

**46** 血液。

**47** 水漲船高，水不會淹沒軟梯。

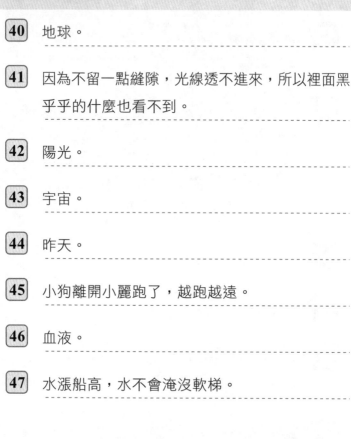

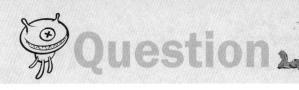

**48** 什麼時候太陽會從西邊升起？

**49** 數個大小相同的物體並排一起時，有無可能愈接近自己的東西看起來愈小，愈遠離的物體看起來愈大？

**50** 一斤棉花和一斤鐵塊哪一樣比較重？

**51** 你知道一個人的小腿應該有多長？

**52** 什麼越冷越愛出來？

**53** 什麼冰沒水？

**54** 明月生於何處？

**55** 地上的積水因太陽照射蒸發，會愈來愈少；什麼地方的水太陽愈強烈照射，水反而愈來愈多？

**56** 你在一年半的時間內都不會說話，這段時間你在幹什麼？

**57** 船廠老闆最怕什麼？

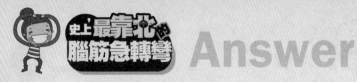 

**48** 從鏡子裡看太陽升起的時候。

**49** 如使用鏡子反射，便可出現這種情況。

**50** 一樣重。

**51** 應該長到碰著地面。

**52** 鼻涕。

**53** 乾冰。

**54** 因為海上升明月！

**55** 1、身上的汗水。2、雪地。

**56** 剛出生，在哭。

**57** 地球上沒水。

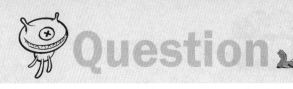

**58** 從飛機上跳下來最怕忘記什麼？

**59** 所有的人都離不開的地方是哪裡？

**60** 他竟然可以向後走而向前進，這是怎麼一回事呢？

**61** 邪馬台國的女王有一次對人說：「我過去有個弟弟膽小極了。一天夜裡，弟弟做了噩夢。他夢見敵國的間諜衝入皇宮，用刀刺入他的心臟。弟弟受到這個打擊，在夢中就死去了。」你相信她的話嗎？為什麼？

**62** 老王家的房子為什麼有時漏雨有時不漏呢？

**63** 一個人生病，摸頭，疼；摸臉，疼。這是什麼病？

**64** 大氣的流動叫「氣流」；河水的流動叫「水流」；那風的流動呢？

**65** 一個人，穿著皮大衣，戴著棉帽子，他前面有一條河，對岸有一棵樹，問他是怎麼勾到那棵樹的？

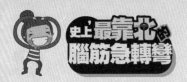

**Answer**

**58** 打開降落傘。

**59** 地球。

**60** 搭車者向著與車行駛方向相反坐著。

**61** 不相信。沒有人會相信她的話。因為女王不可能知道在睡夢中死去的弟弟的夢境。

**62** 下雨時漏，不下雨時不漏。

**63** 手指骨折。

**64** 風流。

**65** 他穿的那麼厚，當然是冬天，河已結冰，他是滑過去的。

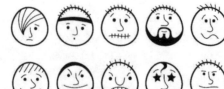

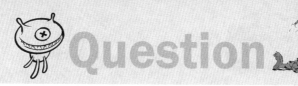 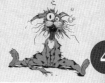
**66** 能使竹籃提水不一場空的最好辦法是什麼？

**67** 太陽爸爸和太陽媽媽生了個太陽兒子，我們應該說什麼祝賀辭恭喜他們？

**68** 天黑一次亮一次就是一天，可是有一次天黑了兩次仍然只過了一天，你猜得到是什麼原因嗎？

**69** 市中心圖書館，卻沒有明版的《康熙字典》，這是為什麼？

**70** 老王從9歲開始有蛀牙，為什麼90歲時他的牙都還在？

**71** 在什麼情況之下2/4和4/4不會約成最簡分數？

**72** 當跳到黃河也洗不清的時候，該如何澄清自己？

**73** 黃皮膚的人是黃種人，綠皮膚的人屬於哪一種？

**74** 大人上班遲到的原因是塞車，小孩上學遲到的原因是什麼？

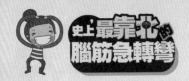 

66 提冰。

67 生「日」快樂！

68 碰上日全食了。

69 康熙字典是清朝人編的。

70 蛀牙早已換成假牙。

71 寫在五線譜上面。

72 跳到澄清湖裡。

73 新品種。

74 大人睡過頭了。

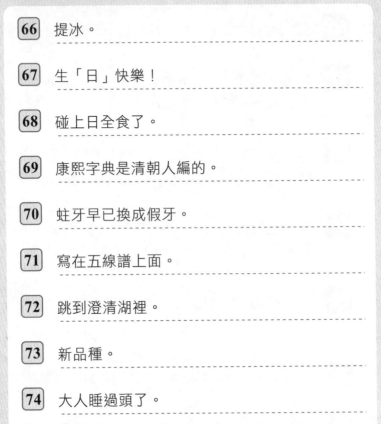

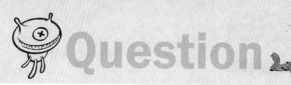

**75** 比「春光外洩」更嚴重的洩漏事件是什麼？

**76** 從前有隻雞，雞的左面有隻貓，右面有條狗，前面有隻兔子，雞的後面是什麼？

**77** 怎樣使一艘用紙疊的船在水裡不會被水浸壞？

**78** 哪種比賽，贏的得不到獎品，輸的卻有獎品？

**79** 阿呆從熱氣球上掉下來卻沒有受傷，為什麼？

**80** 什麼是在廢除死刑制度之後的民主、法治國度裡，授予醫生的一種宣判死刑的特權？

**81** 超人使用超高性能望遠鏡觀察地球時，發現外星人正欲毀滅地球。超人只要使用瞬間移動裝置，便可於一秒內到達地球，請問超人究竟能否拯救地球？

**82** 什麼東西可以死很多次，而且一般情況下每次死的時間不超過1分鐘？

**83** 張大媽整天說個不停，可是有一個月她說話最少，那是哪個月？

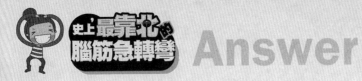

75  瓦斯外洩。

76  注意第一句話，從的前面有隻雞，那麼雞的後面
    當然是「從」了。

77  在紙上塗一層蠟。

78  划拳喝酒。

79  因為熱氣球還在地面上。

80  癌症。

81  那要看外星人毀滅地球的速度了，如果外星人從
    幾萬光年前到現在還沒把地球毀滅掉，那超人還
    來得及。

82  電腦當機。

83  二月份。

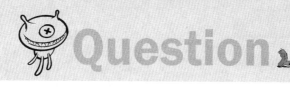

**84** 黑頭髮有什麼好處？

**85** 什麼是傾國傾城貌？

**86** 有一個問題，不論你問到任何人，答案都是「沒有」，請問那是什麼？

**87** 什麼東西將要來，但是從來沒有來過？

**88** 為什麼天上會有星星？

**89** 哪一種死法是一般死囚所歡迎的？

**90** 閉著眼睛也看得見的是什麼？

**91** 有一間屋子的北邊有肥料廠，南邊有酒廠，它有項優點，你知道是什麼嗎？

**92** 月亮什麼時候不發光？

**93** 晴朗的天空，為什麼沒有太陽？

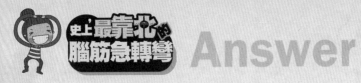
**84** 不必擔心被曬黑。

**85** 地震以後。

**86** 你睡了沒？

**87** 明天。

**88** 證明愛因斯坦的相對論，天上有星星，地下也有猩猩。

**89** 老死。

**90** 夢。

**91** 只要一開窗子就能知道什麼風。

**92** 月亮本來就不發光。

**93** 晚上當然沒有太陽。

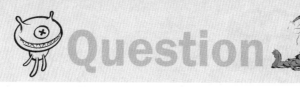

**94** 馬克問瑞克5次同樣的問題，瑞克回答了5個不同答案，而且每個都是對的。那麼，馬克問的是什麼呢？

**95** 從台北到台中要一小時，火車從台北開往台中，發車半小時後，問火車在哪裡？

**96** 生了病，打針跟吃藥，哪一種比較痛苦？

**97** 哪裡星期五在星期二之前？

**98** 世界盃知識急轉彎：哪支球隊沒有背水一戰？哪支球隊小組賽肯定保持全勝？哪支球隊小組賽肯定不出線？哪支球隊的球迷大都是男球迷？哪支球隊最沉得住氣？最大的黑馬是哪支球隊？哪支球隊犯規最多？波蘭為什麼輸給德國？

**99** 蘋果和地心引力有什麼關係？

**100** 怎樣用手使一個不會上升的氣球到達最高處？

**101** 為什麼夏天才有颱風？

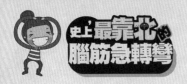

**94** 馬克問的是時間。

**95** 在鐵軌上。

**96** 細菌比較痛苦。

**97** 英文字典中。

**98** 荷蘭（河攔）。捷克（皆克）。美國（沒過）。多哥（大多是哥們）。波蘭（因為波瀾不驚）。塞黑（因為它曬得黑）。法國（罰過）。因為有個球星叫蘭帕德，波蘭怕德國。

**99** 農夫不會等到地球發生效力。

**100** 把氣放掉然後把氣球使勁扔向天上去。

**101** 因為它要冬眠。

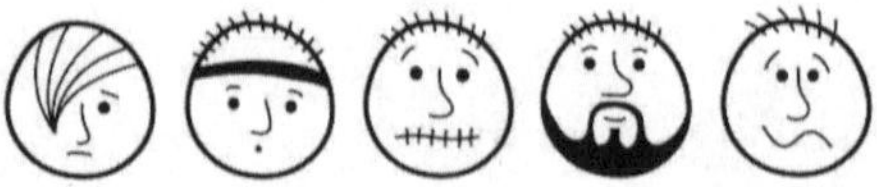

**102** 伊萬到義大利旅遊，拍回許多風景相片。他所拍攝的比薩斜塔竟然是直的，絲毫沒有傾斜。照片照的的確是比薩斜塔，並沒有加工過，這是怎麼回事？

**103** 假如核戰爆發，你認為哪兩個地方會人滿為患？

**104** 為什麼大部分佛教徒都在北半球？

**105** 哪家人最多？

**106** 一個老爺住在一棟18層的房子裡，但他天天都不用電梯？為什麼？

**107** 下雪天，阿文開了暖氣，關上門窗，為什麼還感到很冷？

**108** 你在什麼地方總能找到幸福？

**109** 水陸各半。你會聯想到哪個拉丁美洲國家呢？

**110** 世界上任何地方找不出如此便宜的住所，這是什麼地方？

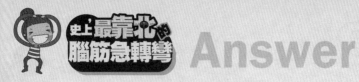
102 伊萬選錯了角度。塔只朝一個方向傾斜，順著那個方向就拍不到斜塔了。

103 地獄和天堂。

104 「南無阿彌陀佛」。

105 國家。

106 因為他住一樓。

107 他在門外。

108 字典裡。

109 海地。

110 牢房。

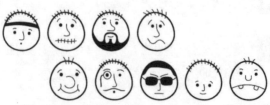

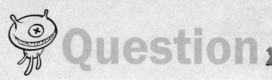

**111** 沙漠中最常見的東西是什麼？

**112** 當你從西向東行走，不久向左轉270度角行走，再向後轉走，接著，又向左轉90度角走，最後又向後轉走。請問，最終你是朝哪一個方向行走的？

**113** 陽明山的路是上坡多還是下坡多？

**114** 你不是聾子，為什麼我說話你聽不到？

**115** 人能登上珠穆朗瑪峰，有一個地方卻永遠登不上。那是什麼地方？

**116** 世界上最大的蕃薯長在哪裡？

**117** 什麼路人們最不敢走？

**118** 有一種地方專門教壞人，但沒有一個警察敢對它採取行動加以掃蕩。這是什麼地方？

**119** 什麼山最偉大？

**120** 一個人什麼的「地方」能大能小？

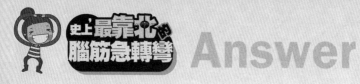

**111** 沙子。

**112** 向東。

**113** 一樣多。

**114** 因為你、我不在同一個地方。

**115** 自己的頭頂。

**116** 地裡。

**117** 絕路。

**118** 看守所。

**119** 亞歷山大。

**120** 心眼兒。

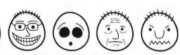

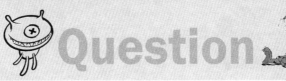
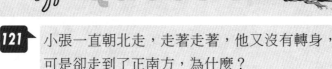

**121** 小張一直朝北走，走著走著，他又沒有轉身，可是卻走到了正南方，為什麼？

**122** 一架高空飛行的客機在航行中,小王突然打開門衝出去，為什麼他沒摔死？

**123** 全世界死亡率最高的地方在哪裡？

**124** 地球上什麼地方的出生率最高？

**125** 小王住的是樓房，為什麼每次出門還要上樓？

**126** 馬在什麼地方不用四條腿照樣可以走？

**127** 什麼國家，你越走離北越遠？

**128** 能夠使我們的眼睛透過一堵牆的是什麼？

**129** 世界上什麼樣的海最大？

**130** 什麼時候看到的月亮最大？

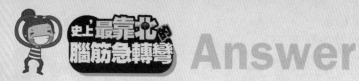
121 他越過北極點再向前走就是南方。

122 他是從飛機的廁所衝出來的。

123 在床上。

124 產房。

125 他住地下室。

126 棋盤上。

127 越南。

128 窗戶。

129 苦海,苦海無涯。

130 登上月球的時候。

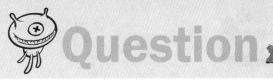

**131** 妻子：「糟糕，親愛的，你送給我的鑽石戒指，落到紅茶裡去了……」結果，戒指又平安回到妻子的手上，而且一點也沒有弄濕的痕跡。這是為什麼？

**132** 一個長寬各一公尺，深兩公尺的土坑，坑裡沒有水，為什麼有人不慎跌落下去淹死了？

**133** 什麼地方惡人們不再干擾得你心煩意亂，而只好與你生活在一起？

**134** 有一座大廈發生火災，陳先生逃到頂樓後，想跳過距離只有1公尺到隔壁樓頂，結果卻摔死了，為什麼？

**135** 如果有機會讓你移民，你一定不會去哪個國？

**136** 沿著山壁鑿成的山路，因坍方而形成一個寬深的大洞，路邊卻沒有警告標誌，為什麼？

**137** 艾玟有些小心眼，可是她也有能容人的地方，你知道她能容人的地方在哪裡嗎？

**138** 請問世界上最小的島是什麼島？

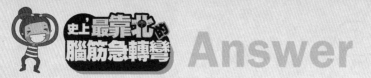

131 是掉到紅茶罐裡去了。

132 因為那是糞坑。

133 天堂。

134 因為高度相差太遠。

135 天國。

136 因為大洞在山壁上，沒有危險。

137 眼裡。

138 安全島。

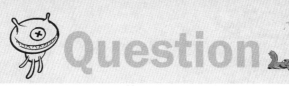
**139** 有個地方能進不能出，請問這是什麼地方？

**140** 有個地方發生了火災，雖然有很多人在救火，但就是沒人報火警，為什麼呢？

**141** 1989年，考察船駛到了南極。無邊無際的冰原裡找不到陸地。正在發愁時，捉到了一隻企鵝，宰殺時發現胃裡有一塊石頭，考察隊員高興地喊了起來：「找到陸地了。」為什麼說找到陸地了？

**142** 愛看鬥牛。你會聯想到哪個非洲地名呢？

**143** 哪個歐洲國家的生意不批發？

**144** 什麼人是不用電的？

**145** 小偷最怕碰到的是哪個機關？

**146** 一本書放在地上什麼地方你跨不過去？

**147** 如果地球爆炸，哪兩個地方最安全？

**148** 離你最近的地方是哪裡？

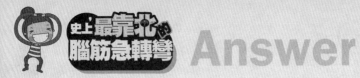 

139 墳墓。

140 是消防隊著火了。

141 因為企鵝潛水本領不大。牠胃裡的石頭，不可能
是從海底銜上來的。唯一的可能是附近有陸地，
企鵝在那裡吃的石頭。

142 好望角。

143 丹麥（單賣）。

144 緬甸人。

145 警察機關。

146 放在牆角。

147 天堂、地獄。

148 你的腳下。

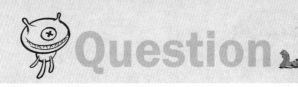
**149** 天上下著雨，為什麼地面是乾的？

**150** 什麼樣的路不能走？

**151** 什麼地方的路最窄？

**152** 地球有兩處地方，昨天可以是今天，今天可以是明天，那地方是哪裡？

**153** 小明看書的時候，為什麼不能把書籤放在175頁和176頁之間？

**154** 神偷「妙手空空」把附近一些有錢人家的金銀珠寶偷得一乾二淨，為什麼唯獨一家既無防盜設備也無保安人員的財主沒受到光顧？

**155** 如果有人向你問路，你最怕聽到哪一句話？

**156** 風平浪靜的城市是哪裡？

**157** 一個非常有錢的人卻什麼也不能買，為什麼？

**158** 地球表面哪裡太陽照不到？

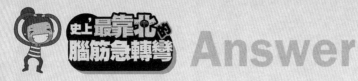 

**149** 在屋裡的地面淋不到雨。

**150** 電路。

**151** 冤家路窄。

**152** 南極和北極。

**153** 因為是寫在同一張紙上。

**154** 那是「神偷」自己的家。

**155** 這裡是地球嗎？

**156** 寧波。

**157** 他在沙漠裡。

**158** 背面。

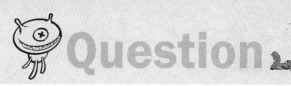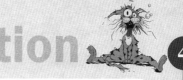

**159** 什麼時候有人敲門，你絕不會說請進？

**160** 有個人到國外去，為什麼他周圍都是中國人？

**161** 什麼地方物品售價愈高，客人愈高興？

**162** 什麼東西越長越細越難過，越短越粗越好過？

**163** 在中國，哪個莊最大？

**164** 船出長江口是什麼地方？

**165** 什麼地方能出生入死？

**166** 世界上最高的峰叫什麼峰？

**167** 窮人和富人在什麼地方沒有分別？

**168** 什麼大樓最便宜？

**169** 世界上哪座城市交通最發達？

**170** 中國哪個地方的東西最不便宜？

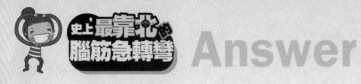
159 在廁所裡。

160 外國人到中國。

161 當鋪。

162 獨木橋。

163 石家莊。

164 上海。

165 醫院。

166 高峰。

167 浴室。

168 五角大樓。

169 羅馬。

170 貴州。

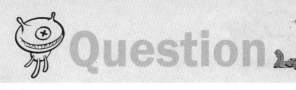

**171** 任何人必須去的地方是哪裡？

**172** 房屋、宮殿、巖洞、大廈、牛棚，哪個詞與眾不同？

**173** 在什麼地方被人打不疼？

**174** 小戴是位科學家，歷盡千辛萬苦終於來到一個地方，他面北而立，向左轉了90度，卻還是向北，再轉90度依然面北，又轉90度還是面北，你知道這是什麼原因嗎？

**175** 什麼東西有城無房，有路無車，有河無水？

**176** 兵強馬壯的城市是哪裡？

**177** 唐僧師徒四人從朱紫國出來，又踏上了取經之路，他們走的是哪條路呢？

**178** 麗星遊輪上的大副說他去過沒有春夏秋冬、沒有晝夜長短變化的地方，那是什麼地方？

**179** 街上那麼多的人是從哪來的？

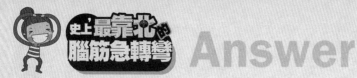
171 廁所。

172 巖洞，其他都是人工的。

173 在夢裡。

174 小戴在北極。

175 地圖。

176 武昌。

177 往西那條路。

178 赤道。

179 各自的家中。

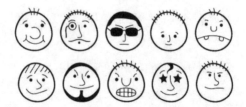

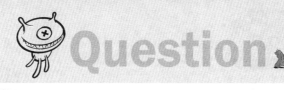

**180** 什麼地方有時候有水，有時候沒水？

**181** 浪費掉人的一生三分之一時間的會是哪裡？

**182** 自找苦吃的地方是哪裡？

**183** 從前，遍地是金的山是什麼山？

**184** 地球上什麼地方溫度最高？

**185** 大勇說他和學校的老師很熟，在學校裡哪裡都能進去，但小涵偏說他有一處地方永遠也不能進去，是什麼地方呢？

**186** 幼稚園的老師拿出一包糖，預備分給小朋友們吃。假如一人分一塊，便多出一塊；一人分兩塊，又欠兩塊。究竟最少有幾個小朋友？幾塊糖？

**187** 有個獵人在森林裡看見一隻黃鶯，他想得到黃鶯。黃鶯就對獵人說前面的大樹後面有5朵花，其中4朵是真花，有一朵是我變的，你能找出我嗎？說完黃鶯就變成了一朵花。你能幫獵人找出牠嗎？

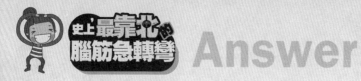
**180** 水籠頭裡。

**181** 床。

**182** 藥房。

**183** 舊金山。

**184** 地球的中心。

**185** 女廁所。

**186** 三個小朋友，四塊糖。

**187** 在清晨時，過夜的花草上都沾有露水，而黃鶯剛剛變的沒有。

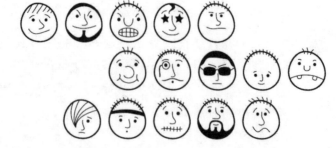

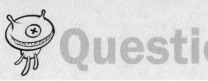

**188** 小明、小華、小紅三個人釣魚。釣完後，別人問他們今天釣了多少條魚。小明說一共22條。小華比小明多釣兩條，小紅比小華多釣3條。你知道他們三人各釣多少條嗎？

**189** 寺院裡有一個撞鐘的小和尚，幾點的時候他就撞幾下鐘。3點的時候他就撞3下，用時3秒。那麼7點的時候，他撞鐘需要多長時間呢？

**190** 一個人花8塊錢買了一隻雞，9塊錢賣掉了，然後他覺得不划算，花10塊錢又買回來了，11塊錢再賣給另外一個人。問他賺了多少？

**191** 毛毛說：10＋4＝2，老師也說對，為什麼？

**192** 將18平均分成兩份，卻不得9，還會得幾？

**193** 有一位刻字先生，他掛出來的價格表是這樣寫的：刻「隸書」4角；刻「細明體」6角；刻「你的名字」8角；刻「你情人的名字」1.2元。那麼他刻字的單價是多少？

**194** 盒子裡有四塊蛋糕，四個小朋友，每人都分到一塊，但盒子裡還留下一塊蛋糕，為什麼？

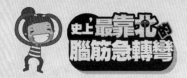

**188** 他們分別是5，7，10。小明加2和小華一樣多，小紅減3和小華一樣多，所以小華的3倍就該是22＋2－3＝21，小華是7條。

**189** 他需要9秒鐘。如果你認為是7秒，那你就錯了。需要注意的是，求這個時間是由撞兩下之間的時間間隔組成的，敲3下兩個時間間隔，每個間隔用的時間是3÷2＝1.5（秒鐘）。7點鐘敲7下，有6個時間間隔，則需要的時間為1.5×6＝9（秒鐘）。

**190** 賺了2元。可以把這個過程看成兩次交易，這樣就簡單了。第一次交易花8塊錢買了一隻雞，9塊錢賣掉了，賺了1塊錢；第二次交易花10塊錢又買回來了，11塊賣給另外一個人，賺了1塊錢。所以一共賺了2塊錢。

**191** 10點＋4點＝下午2點。

**192** 1和8或10和10。

**193** 每個字兩角。

**194** 其中一個小朋友連盒子一起拿走，所以盒子裡還有一個蛋糕。

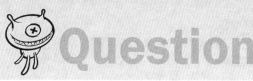

**195** 小王13歲的生日為何點了14根蠟燭？

**196** 司機：「嫌我車開不好。真是豈有此理！我幹這行已經十年啦。乘客們從沒說過一句對我不滿的話！」客人：「是嗎？請問你開什麼車？」司機說自己是開什麼車的呢？

**197** 戲院前座有個男人橫躺著，一人佔去四個位子。侍座的小姐跟他說：「先生，一個人只能坐一個位子。」他只低哼了一聲，動也不動一下。小姐請來戲院經理，經理客氣地說：「先生，麻煩您坐好，一個人只能佔一個位子的。」他還是只哼了一聲，沒有行動。經理只好請來警察。警察說：「老兄，你狠啊！你哪條道上的？」那人低哼了一聲，說了些什麼呢？

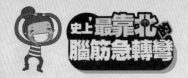

| 195 | 用一根點著那十三根。 |

196 靈車。

197 「……樓上走道上……跌下來的……。」

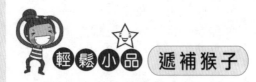

輕鬆小品　遞補猴子

　　某動物園來了一隻年輕的獅子，牠和另一隻老獅子關在同一個籠子裡，管理員每次來餵食時總是給年輕的獅子一根香蕉，而給老獅子的則是一塊肉。

　　年輕的獅子心想：「可能我是新來的，不要太計較。」

　　經過三個月後，還是如此，年輕的獅子終於按捺不住地問管理員：「為什麼我來了三個月還只是吃香蕉！」

　　管理員回答說：「因為你遞補的是猴子的缺呀！

## ▶ 史上，最靠北的腦筋急轉彎

（讀品讀者回函卡）

■ 謝謝您購買這本書，請詳細填寫本卡各欄後寄回，我們每月將抽選一百名回函讀者寄出精美禮物，並享有生日當月購書優惠！
想知道更多更即時的消息，請搜尋 "永續圖書粉絲團"

■ 您也可以使用傳真或是掃描圖檔寄回公司信箱，謝謝。
傳真電話：（02）8647-3660　　信箱：yungjiuh@ms45.hinet.net

◆ 姓名：＿＿＿＿＿＿＿＿＿＿　　□男　□女　　□單身　□已婚

◆ 生日：＿＿＿＿＿＿＿＿＿＿　　□非會員　　　□已是會員

◆ **E-mail**：＿＿＿＿＿＿＿＿＿＿　　電話：（　）＿＿＿＿＿

◆ 地址：＿＿＿＿＿＿＿＿＿＿＿＿＿＿＿＿＿＿＿＿＿＿＿

◆ 學歷：□高中以下　□專科或大學　□研究所以上　□其他＿＿＿＿

◆ 職業：□學生　□資訊　□製造　□行銷　□服務　□金融
　　　　□傳播　□公教　□軍警　□自由　□家管　□其他＿＿＿

◆ 閱讀嗜好：□兩性　□心理　□勵志　□傳記　□文學　□健康
　　　　　　□財經　□企管　□行銷　□休閒　□小說　□其他

◆ 您平均一年購書：□5本以下　□6～10本　□11～20本
　　　　　　　　　□21～30本以下　□30本以上

◆ 購買此書的金額：＿＿＿＿＿＿＿

◆ 購自：□連鎖書店　□一般書局　□量販店　□超商　□書展
　　　　□郵購　　　□網路訂購　　□其他

◆ 您購買此書的原因：□書名　□作者　□內容　□封面
　　　　　　　　　　□版面設計　□其他

◆ 建議改進：□內容　□封面　□版面設計　□其他＿＿＿＿＿
　　您的建議：

讀好書品嚐人生的美味

## 史上，最靠北的腦筋急轉彎